칠불의 스승
문수보살
법어와 영험록

자운율사 편역
무량수여래회 편저

바움과소통

일러두기

이 책은 '자운대율사 탄신 100주년 기념사업회'가 2013년 4월 12일 발행한 법공양판 〈문수보살의 거룩한 행〉(자운대율사 편역)을 저본으로 하여, 〈문수사리발원경〉과 〈문수사리소설반야바라밀경〉, 문수보살 기도법, 자운율사의 구도와 생사해탈(왕생극락) 등의 글을 추가하여 편집하였다.

단행본 형식에 맞춰 목차를 구성하고, 교정 · 교열을 새로 보고 주석을 첨부하였다.

이 책이 삼세(三世)의 불모(佛母)이자 칠불(七佛)의 스승이신 문수보살님의 사상과 가르침, 언행을 배우고 실천하는 경전이자, 문수보살 기도수행의 기본 안내서로 손색이 없도록 엮었다.

상원사 목조문수동자좌상(국보221호)

서 문

문수보살은 그 본 이름이 문수사리(文殊師利)입니다. 이 이름은 범어(梵語) 이름을 소리대로 한역(漢譯)한 것이며, 그 뜻은 묘길상(妙吉祥), 또는 묘덕(妙德)입니다. 그리고 묘음(妙音)이라고 하는 뜻도 있습니다.

문수보살의 이름이 지닌 이 같은 뜻은 모두가 문수보살의 위신력을 나타내고 있습니다. 즉, 문수보살은 모든 중생에게 말로 표현할 수 없고 셈으로 셈할 수 없는 오묘한 길상(吉祥)을 줍니다. 그것은 또 문수보살의 깊고도 오묘한 덕(德)을 바탕으로 하고 있으며 중생 누구에게나 전해지는 오묘한 법음(法音)이 보살에게 있기 때문입니다.

아직 깨달음에 이르지 못한 중생만이 아니고 모든 보살에게도 그러한 문수보살의 위신력은 미칩니다. 뿐만 아니라 부처님에게까지도 미칩니다. 방발경(放鉢經)에 의하면 부처님께서는 "지금 내가 부처를 얻어 32상(相)과 80종호(種好)가 있고 위신(威神)이 존귀하여 시방의 일체 중생을 제도함은 모두가 문수사리의 은혜이다. 본래 그는 나의 스승이다. 과거의 수많은 모든 부처도 모두가 문수사리의 제자이다. 앞으로 올 부처도 그 위신력이 미치는 바이다. 비유하면 세간의 어린이에게 부모가 있듯이 문수는 불도(佛道)에 있어서 부모이다"고 말씀하심으로써, 문수보살의 위신력이 흡사 부모가 자식에게 그 선(善)한 힘을 미치듯이 중생은 물론 보살과 부처에게까지 미침을 역력히 밝히셨습니다.

문수보살의 묘길상(妙吉祥)하고 묘덕(妙德) 때이며 묘음(妙)인 위신력은 또 어디서 왔는가 하면 그의 크나큰 원력(願力)에서 나온 것입니다. 보적경(寶積經)에 의하면 이 보살은 헤아릴 수 없이 먼 과거세로부터 열여덟 가지 대원(大願)을 발하여 불국(佛國)을 엄정(嚴淨)하게 하였다고 했으며, 이 책에 수록한 문수사리보살불찰공덕장엄경(文殊師利菩薩佛刹功德壯嚴經)에서도 그와 같은 문수보살의 대원이 구체적으로 말씀되고 있습니다. 또 이 책에 수록된 문수보살의 영험록 첫 장(章)에서는 보다 간절한 십대원(十大願)을 말씀하고 있어 우리의 심금을 울려주는 바가 큽니다.

문수보살은 그러한 원력 탓으로 무수겁(無數劫) 전으로부터 평등세계용종상불(平等世界龍種上佛)이었고 정지

존왕불(淨智尊王佛)이었으며 공적세계대신불(空寂世界大身佛)이었고 무애세계승선불(無碍世界升仙佛)이었으며 상희세계환희장마니보적불(常喜世界歡喜藏摩尼寶積佛)이었음에도 그 부처 몸을 버리고 인도의 바라나 마을에 사는 범덕(梵德) 바라문의 집에 4월 4일 탄생하였고, 당시에 95인의 바라문 논사(論師)를 절복(折伏)케 하였으며, 석가모니 부처님을 왼쪽에서 모시면서 지혜(智慧)의 방편을 나투셔 석가모니 부처님의 성불과 중생제도를 돕고 있습니다. 이것은 앞에서 이미 말한 바와 같이 문수보살이 모든 부처님의 어버이임을 말해 줍니다. 대품반야경(大品般若經)에 의하면 석가모니 부처님의 왼쪽에 서서 상징하는 지혜, 즉 반야(般若)는 불모(佛母)라고 했습니다. 따라서 이 경은 문수보살과 반야바라밀(般若波羅蜜)을 동격(同格)으로 보고 있습니다.

이 같이 석가모니 부처님의 성불을 도운 문수보살은 또 먼 훗날 인연에 따라 '문수보살의 대원이 원만하게 이루어지고 공덕이 쌓여 모든 번뇌의 티끌을 떠난 청정한 세계를 두루 보시는 부처님'(如願圓滿積集離塵淸世界普見佛)이 되십니다. 구역(舊譯)의 화엄경(華嚴經)에 의하면 문수보살은 보견불(普見佛)이 되시기까지 중국의 청량산(淸凉山)에 머물면서 교화를 펴신다고 합니다. 즉 '동북방에 보살이 사는 곳이 있는데 청량산이라고 이름한다. 과거의 여러 보살이 항상 이곳에 살았고 지금 그곳에 보살이 있는데 문수라고 이름한다. 일만의 보살이 따라 사는데 그들을 위하여 항상 설법을 한다'고 하였습니다.

옛부터 수많은 구도자(求道者)들은 문수보살을 친견(親見)하고 설법을 듣기 위해 청량산을 찾았고 그때마다 여러 가지 영험을 얻었습니다. 그러한 영험은 구도자로서의 믿음과 원력에 바탕을 두고 있는 것입니다. 이에 오늘과 같이 믿음이 약한 시대에 살고 있는 우리들에게 문수보살의 부사의한 경계와 불찰공덕장엄(佛刹功德藏嚴)과 그 원력을 환기시켜 문수보살의 공덕행(功德行)을 본받아 승속(僧俗)이 모두 그의 위신력을 입기를 바라 이 책을 펴는 바입니다.

불기 2526년 3월 1일
자운(慈雲) 성우(盛祐) 적음

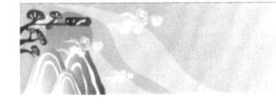

차 례

서문   4

문수사리발원경   8

문수사리소설반야바라밀경   24

문수보살불찰공덕장엄경   80

문수기도 방법   112

문수보살의 경계

　1. 문수보살의 열 가지 큰 서원   118

　2. 삼세 제불이 보리심으로 인하여 출현하심   126

　3. 불경은 타지 않았다   128

　4. 머리를 만져 공을 이루다   133

　5. 몸을 불살라 빚을 갚다   134

　6. 복운스님이 소신(燒身)한 일   136

　7. 신기한 돼지 영생이   137

　8. 문수보살을 염하고 도둑떼를 면하다   139

　9. 구름다리를 만들어 불상을 통과시키다   140

　10. 거지 여자가 잿밥을 먹다   141

　11. 성인을 만나고도 알지 못하다   144

　12. 정성이 지극하여 선지식을 만나다   146

　13. 마음이 트여서 부처님을 뵙다   149

14. 문수보살의 화신 법순화상   153

15. 불정존승다라니경 외운 이야기   156

16. 문수 · 보현보살에게 화살을 쏘다   160

17. 부처 성품을 보여 주다   161

18. 여형율사가 가사를 받다   168

19. 보살의 원력으로 만연암에 이르다   171

20. 마음을 따라 황금 등을 보다   173

21. 도의선사가 보살을 만나다   175

22. 통현장자, 문수보살게 화엄경을 배우다   180

23. 염통을 씻고 지혜가 생기다   183

24. 삼매 할머니의 신통   186

25. 장포를 몸에 두른 동자   188

26. 성인의 경계를 여러 번 보다   190

27. 수다실리의 사리 8홉   199

28. 마음대로 다니는 세 사미   200

29. 아미타불의 화신 풍간선사   202

30. 문수보살의 화신 한산자   206

31. 보현보살의 화신 습득   211

32. 한산과 습득의 문답   215

33. 성인의 경계는 측량 못함　220

34. 금광조스님의 금강삼매　222

35. 비구니의 입에서 금빛 광명을 놓다　226

36. 문수보살의 화신 선계대사　228

37. 목욕간의 동자들　246

38. 부정한 손으로 경을 만지면 죄가 된다　248

39. 한 등불이 일만 등으로 변하다　251

40. 인연을 맺고 보살을 만나다　253

41. 등불과 보살이 나타나다　254

42. 밤중에 해가 뜨다　256

43. 보시한 복으로 왕생하다　257

44. 노인이 길을 인도하다　259

45. 오대산 흙이 창병에 영약임　260

46. 보살을 만나 원결을 풀다　261

47. 허운선사, 정성이 지극하여 보살을 만남　264

48. 자장스님이 문수보살을 뵈옵다　270

49. 경흥대덕이 보살을 만나다　273

50. 연회국사와 문수재　275

51. 신라의 두 태자가 수도한 일　277

52. 나라의 재(齋)에 참여한 문수보살   280

53. 문수보살과 함께 안거한 세 스님   282

54. 세조대왕과 문수동자   264

55. 환우화상이 문수동자의 경책을 듣다   286

56. 맹초로 변화한 문수보살   288

'한국의 상참괴승' 자운율사   292

文殊師利發願經
문수사리발원경

동진(東晉) 불타발타라(佛陀跋陀羅) 한역

몸·입·뜻을 청정하게 하여
온갖 번뇌를 멸해 없애고
시방 삼세의 부처님께
일심으로 공경스럽게 예를 올리네

보현(普賢)의 원력으로 인해
모든 부처님들을 빠짐없이 다 친견하고
낱낱 여래의 처소와
일체의 찰진(刹塵)에까지 예를 올리네

하나의 미진(微塵) 가운데서
일체의 모든 부처님들을 보면
보살 무리들이 주위를 에워싸고 있고

법계(法界)의 찰진(刹塵) 역시 그러하네
온갖 미묘한 음성으로
가장 뛰어난 점들을 선양하여도
한량없는 공덕의 바다는
다함이 없네

보현의 실천력[行力]으로
위없는 온갖 공양구로
시방 삼세의 모든 부처님께
공양을 올리네

오묘한 향과 화만(花鬘)과
갖가지 모든 기악(伎樂)과
일체의 오묘한 장엄으로
두루 모든 부처님들께 공양 올리네

나는 탐욕·성냄·어리석음으로
모든 악한 행을 짓고
몸·입·뜻으로 불선업(不善業)을 행했으나
허물을 뉘우쳐 모두 멸해 없앴네

모든 중생들의 복덕은

모든 성문(聲聞)·연각(緣覺)과
보살 및 모든 부처님들의
공덕을 모두 따라 기뻐하는 것이네

시방의 모든 부처님들께서
처음 등정각(等正覺)을 이루실 때마다
내가 빠짐없이 권청(勸請)하여
위없는 법륜(法輪)을 굴리시도록 하려네

열반(涅槃)을 보이시는 분께
합장한 채 공경하고
일체의 진겁(塵劫)에 머무시어
모든 중생들을 안락하게 하시도록 간청하려네

내가 모은 공덕을
회향하여 중생들에게 베풀고
궁극적으로 보살행을 하여
무상보리(無上菩提)를 얻으리

과거와 현재의 시방불(十方佛)께
빠짐없이 공양드리고
미래의 세존께서

부디 신속하게 보리도(菩提道)를 이루시기를 바라네
널리 시방의
일체 모든 불국토[佛刹]를 장엄하시며
여래께서 도량에 앉으시면
보살의 무리가 가득 차네

시방의 중생들로 하여금
온갖 번뇌를 멸하여 없애게 하시고
진실한 의미를 깊이 이해하시며
항상 안락함을 얻어 머무시네

나도 보살행을 닦아
숙명지(宿命智)1)를 성취하여
모든 장애를 멸해 없애
영원히 다하여 남음이 없게 하리

생사와 온갖 마(魔)·번뇌업을
모두 영원히 멀리 여의면
마치 해가 허공에 있는 것과 같고
연꽃이 물에 묻지 않는 것과 같네

---

1) 과거 전세(前世)의 일에 관해 훤히 아는 지혜를 의미한다.

시방을 두루 돌아다니며
온갖 중생들을 교화하고
악도(惡道)의 고통을 멸해 없애
보살행을 온전히 갖추리

비록 세간을 수순하더라도
보살도를 버리지 않고
미래제(未來際)의 겁이 다하도록
보현행(普賢行)2)을 갖추어 닦으리.

만약 동행하는 자가 있다면
부디 항상 한 곳에 모이기를 바라며
몸·입·뜻으로 짓는 선업(善業)으로

---

2) 〈화엄경〉「보현행원품」에는 보현보살의 10대행원(大行願)에 관해 설하고 있다. 보현보살이 실천하려는 열 가지 큰 서원은 다음과 같다. 첫 번째는 항상 일체의 부처님들께 예경하는 것이고, 두 번째는 항상 여래의 공덕을 칭찬하는 것이며, 세 번째는 항상 모든 부처님들을 받들어 모시되 최상의 공양을 제공하는 것이고, 네 번째는 항상 무시 이래로 지어온 악업을 참회하고 청정한 계율을 지키는 것이며, 다섯 번째는 일체 모든 불보살님들과 나아가 6취(趣)·4생(生)의 온갖 공덕을 따라 기뻐하는 것이고, 여섯 번째는 항상 모든 부처님들이 법을 설하시도록 권청하는 것이며, 일곱 번째는 불보살님들이 열반에 들지 마시고 세간에 머무시면서 법을 설하시도록 간청하는 것이고, 여덟 번째는 항상 부처님을 따라 부처님께서 펴신 법을 배우는 것이며, 아홉 번째는 중생의 종류에 맞게 응하여 갖가지 공양을 하는 것이고, 열 번째는 이상의 공덕을 널리 일체 중생들에게 회향하여 불과(佛果)를 완성하도록 하는 것이다.

모두 다 동등하게 하리
만약 선지식(善知識)을 만나
보현행을 열어 보여 주면
이 보살의 처소에서
친근하여 항상 떠나지 않으리

항상 모든 부처님들께서
보살 무리에 둘러싸인 것을 보고
미래제(未來際)의 겁이 다하도록
모두 공경하고 공양하리

모든 불법(佛法)을 수호하고
보살행을 찬탄하며
미래제의 겁이 다하도록
궁극적으로는 보현도(普賢道)를 닦으리

비록 생사 가운데 있어도
다함없는 공덕을 갖추고
지혜와 선교방편[巧方便]과
온갖 삼매(三昧)로 해탈을 이루리

낱낱의 미진(微塵) 가운데서

부사의한 찰토(刹土)를 보고
낱낱의 찰토 가운데서
부사의한 부처님들을 친견하리

이와 같은 시방의
모든 세계해(世界海)를 보고
낱낱의 세계해에서
모든 불해(佛海)를 다 보리

한마디의 음성 가운데
모든 미묘한 음성을 갖추시고
낱낱의 미묘한 음성 가운데
가장 뛰어난 음성을 갖추셨네

지극히 깊은 지혜력으로
다함없고 미묘한 음성에 들어가시어
삼세 모든 부처님들의
청정하고 바른 법륜(法輪)을 굴리시네

모든 미래겁 동안
모두 한 생각[一念]을 지을 것이니
삼세의 일체 겁은

모두 다 한 생각 즈음[一念際]이네

한 생각 가운데서
삼세의 모든 여래를 친견하고
또한 해탈과 경계를
두루 분별하여 아네

하나의 미진(微塵) 가운데서
삼세의 청정한 찰토가 나오고
모든 시방의 미진[塵] 가운데
찰토가 장엄되어 있음이 또한 그러하네

미래의 부처님들께서 성도(成道)하시어
법륜을 굴리시고
마침내 불사(佛事)를 마치시어
열반에 드는 모습을 나타내 보이시는 것을 다 보네

신통력[神力]으로 두루 유행(遊行)하고
대승(大乘)의 힘으로 널리 문을 열며
자비의 힘[慈力]으로 일체를 덮고
실천력[行力]으로 공덕을 가득하게 하네

공덕의 힘이 청정하고
지혜의 힘이 걸림 없으면
삼매와 방편의 힘으로
보리의 힘을 얻을 수 있네

청정한 선업(善業)의 힘으로
번뇌의 힘을 멸해 없애고
온갖 마(魔)의 힘을 무너뜨리며
보현의 실천력[行力]을 갖추게 하네

깨끗하게 장엄한 불찰해(佛刹海)는
중생해(衆生海)를 벗어나게 하고
온갖 업해(業海)를 분별하여
지혜해(智慧海)를 끝까지 다하게 하네

청정한 온갖 행해(行海)는
온갖 원해(願海)를 만족케 하니
모든 불해(佛海)를 빠짐없이 보고
나는 겁해(劫海) 동안 행하리

삼세 모든 부처님들의 행과
한량없는 큰 서원[願]을

내가 다 구족하고
보현행으로 부처를 이루리

보현보살이란
모든 부처님의 제일가는 자식이니
내가 선근(善根)으로 회향하여
부디 모든 것을 그와 함께 하기를 서원하리

몸·입·뜻이 청정하여
자재하게 찰토를 장엄하고
등정각(等正覺)을 신속하게 이루면
모든 것이 다 보현(普賢)과 함께하네

문수사리(文殊師利)와
보현보살이 행한 바와 같이
내가 갖고 있는 선근(善根)을
이와 같이 회향하리

삼세의 모든 여래께서는
도(道)를 회향(廻向)함을 찬탄하시니
나도 선근을 회향하여
보현행을 원만하게 이루리

나는 목숨을 마칠 때
온갖 장애를 멸해 없애
아미타(阿彌陀)부처님을 친견하고
안락국(安樂國)에 왕생하기를 원하네

그 불국토에 태어나서
온갖 큰 서원을 원만히 이루고 나면
아미타여래께서는
앞에 나타나시어 나에게 수기(授記)하시리라

보현행을 깨끗이 장엄하고
문수(文殊)의 원을 원만하게 충족하도록
미래제(未來際)의 겁이 다할 때까지

한마음으로 관하며 예배하옵니다.
법왕의 장자이자 칠불의 스승이신
승묘길상·무구대성께서는
모든 중생들과 함께 극락세계에 왕생하길 발원하시고,
마음을 한 부처님에게 계념하고 전일하게 명호를 불러서,
생각 가운데 아미타부처님을 친견하게 하십니다.
일행삼매의 지혜가 크고 매우 깊으신 문수사리보살님이시여!
나무아미타불!
-〈정토오경일론〉'정수첩요淨修捷要'

文殊師利所說般若婆羅蜜經
문수사리소설반야바라밀경

양(梁) 부남국(扶南國) 승가바라(僧伽婆羅) 한역

이와 같이 내가 들었다.

어느 때 부처님께서 사위국(舍衛國) 기수급고독원(祇樹給孤獨園)에 큰 비구대중 1만 명과 함께 계실 때 모든 보살마하살 십만 사람도 함께 계시니 모두가 물러나지 아니하는 경지에 머물러 있었다. 이미 오랫동안 무량의 모든 부처님께 공양하였고, 모든 부처님의 처소에서 깊이 선근을 심었으며 중생을 보리에 들게 하여 불국토를 청정하게 하였다. 다라니(陀羅尼)를 얻고 요설변재(樂說辯才)를 얻었으며, 지혜를 성취하여 공덕을 구족하였고, 신통이 자유로워 모든 부처님 세계에 놀며 무량한 광명을 놓아 끝없는 묘법을 설하며 모든 보살을 교화하여 한 모양[一相]의 문에 들어가고 두려움 없음을 얻어 훌륭히 온갖 마귀를 항복받아 교화하고 외도들을 삿된 견해에서 제도하여 벗어나게 하였다.

　만약 중생 가운데 성문(聲聞)을 좋아하는 이가 있으면 성문승(乘)을 설하고, 연각(緣覺)을 좋아하는 이에게는 연각승을 설하며, 세간을 좋아하는 이에게는 세간승을 설하며, 보시·지계·인욕·정진·선정·지혜로써 모든 중생을 섭수하였다. 제도되지 아니한 자를 제도하고 해탈하지 못한 자를 해탈하게 하며, 편안하지 못한 자는 편안하게 하고 열반[泥洹]하지 못한 자는 열반하게 하며, 구경(究竟)에 보살의 행할 바로 훌륭히 모든 부처님 법장(法藏)에 들어가게 함이라.

　이와 같이 가지가지 공덕을 다 구족하였으니, 그 이름이　문수사리법왕자보살·미륵보살·보광명보살(普光明菩薩)·불사용맹정진(不捨勇猛精進)보살·약왕(藥王)보살·보장(寶掌)보살·보인(寶印)보살·월광(月光)보살·일정(日淨)보살·대력(大力)보살·무량력(無量力)보살·득근정진(得勤精進)보살·역당상(力幢相)보살·법상(法相)보살·자재왕(自在王)보살 등 이와 같은 무리의 보살마하살 십만 사람이 함께 하였으며 아울러 다른 하늘·용·귀신 등 일체 대중이 다 와서 모였다.

　그때 세존께서 밤에 큰 광명을 놓아 청·황·적·백의 여러 가지로 수정[頗梨色] 같이 널리 시방 세계에 비추니, 일체 중생 가운데 이 빛을 받는 자는 다 누운 자리에서 일어나 이 광명을 보고 다 법의 희열[法喜]을 얻으면서 또한 다 의혹이 생기니, 이 빛은 어디에서 와서 두루 넓은 세계의 모든 중생으로 하여금 안은한 즐거움을 얻게 하는가 하였다. 이런 생각을 하고 나니 하나하나의 빛에서 다시 큰 광명이 나와서 특수하게 밝게 비추어 먼저의 빛보다 더 밝음이라, 이와 같이 점점 퍼져서 나아가 열 겹이나 되었다.

일체 보살 및 모든 비구·비구니·우바새·우바이·하늘·용·야차(夜叉)·건달바(乾闥婆)·아수라(阿修羅)·가루라(迦樓羅)·긴나라(緊那羅)·마후라가(摩睺羅伽)·사람인 듯 사람 아닌 것[人非人]들이 다 함께 뛰면서 일찍이 없었던 것을 얻고 각각 '이것은 반드시 여래께서 이와 같이 광명을 놓으심이다. 우리들은 마땅히 속히 부처님 처소에 이르러 예배하고 친근하여 여래를 공경하여야 하리라' 라고 생각하였다.

이때 문수사리 및 모든 보살마하살 대중과 이 빛을 만난 자들은 기뻐 뛰며 몸과 마음이 흥분하여 각각 머물던 곳에서 기원(祇洹: 기수급고독원)의 문에 이르렀다.

그때   사리불(舍利弗)·대목건련(大目犍連)·부루나미다라니자(富樓那彌多羅尼子)·마하가섭(摩訶迦葉)·마하가전연(摩訶迦旃延)·마하구치라(摩訶俱絺羅)가 모두 머물던 곳에서 기원의 문에 이르렀고, 제석(帝釋)과 사천왕(四天王), 위로 아가니타천(阿迦尼吒天)에 이르기까지 또한 광명을 보고 미증유함을 찬탄하며 그 권속과 함께 아름다운 하늘 꽃·하늘 향·하늘 악기·하늘의 보배 옷을 가지고 모두 다 기원의 문에 이르렀고, 그 밖에 비구·비구니·우바새·우바이와 하늘·용의 8부(部)도 빛을 받아 환희하며 다 와서 문에 이르렀다.

그때 세존께서는 일체종지(一切種智)로 모든 대중이 다 이미 문 밖에 있는 것을 아시고 머무시던 곳에서 일어나시어 나와 문 밖에 이르러 스스로 법 자리를 펴시고 가부좌를 맺으시고 사리불에게 말씀하셨다.

"네가 지금 이른 새벽에 문 밖에 왔느냐?"

사리불이 부처님께 아뢰었다.

"세존이시여, 문수사리 등 보살마하살이 모두 보다 먼저 이르렀나이다."

그러자 세존께서 문수사리에게 말씀하셨다.

"네가 새벽에 먼저 문에 이르렀느냐?"

문수사리가 부처님께 아뢰었다.

"그러하옵니다. 세존이시여, 제가 한밤중에 대광명이

열 겹[十重]으로 밝게 비침을 보고 미증유함을 얻어 마음에 기쁨이 넘쳐서 한없이 뛰었습니다. 그런 까닭으로 와서 예배하고 여래를 친근하고 아울러 감로의 묘법을 듣기 원합니다.”

　그때 세존께서 문수사리에게 말씀하셨다.
　“너는 지금 진실로 여래를 보았느냐?”
　문수사리가 부처님께 아뢰었다.
　“세존이시여, 여래 법신은 본래 볼 수가 없으니 저는 중생을 위하는 까닭으로 와서 부처님을 뵈옵니다. 부처님의 법신(法身)이란 불가사의하여 바탕[相]도 없고, 형상[形]도 없으며, 오지도 아니하고, 가지도 아니하고, 있는 것도 아니요, 없는 것도 아니며, 보는 것도 아니요, 보지 못하는 것도 아닙니다. 여여하게[如如] 실재하여 가는 것도 아니요, 오는 것도 아니며, 없는 것도 아니요, 없지 않은 것도 아니며, 처함도 아니요, 처하지 아니함도 아니며, 하나도 아니요, 둘도 아니며, 청정함도 아니요, 더러움도 아니며, 생겨남도 아니요, 멸함도 아닙니다. 제가 여래를 뵈옴도 또한 다시 이와 같습니다.”

　부처님께서 문수사리에게 말씀하셨다.

"너는 지금 이와 같이 여래를 보느냐?"

문수사리가 부처님께 아뢰었다.

"세존이시여, 저는 실로 보는 것이 없으며, 또한 보는 것이 없다는 모양도 없습니다."

그때 사리불이 문수사리에게 말하였다.

"저는 지금 그대가 설한 바를 알지 못하겠습니다. 어떻게 이와 같이 여래를 봅니까?"

문수사리가 사리불에게 대답하였다.

"대덕 사리불이여, 나는 이와 같이 여래를 보지 못합니다."

사리불이 문수사리에게 말하였다.

"그대가 설한 바는 점점 더 알지 못하겠습니다."

문수사리가 사리불에게 답하였다.

"알지 못함은 곧 반야바라밀이요, 반야바라밀은 이것이 알 수 있는 것이 아니며, 알지 못할 것도 아닙니다."

사리불이 문수사리에게 말했다.

"그대는 중생에게 자비심을 일으키며, 그대는 중생을 위하여 6바라밀(波羅蜜)을 행하며, 다시 중생을 위하여 열반에 들어갑니까?"

문수사리가 사리불에게 답하였다.

"그대가 말한 바와 같이 나는 중생을 위하여 자비심을 일으키고, 육바라밀을 행하며 열반에 들어갑니다. 그러나 중생은 실로 얻을 수 없어 바탕이 없고[無相] 형상이 없으며[無形], 늘어남도 없고 줄어듦도 없습니다. 사리불이여, 그대는 항상 이런 생각을 하십시오. '하나하나의 세계에 항하의 모래알과 같이 많은 모든 부처님이 항하의 모래알과 같이 많은 겁 동안 세상에 머물면서 하나하나의 법을 설하여 항하의 모래알과 같이 많은 중생을 교화하여 제도하고 해탈하게 하여 하나하나의 중생이 다 멸도함을 얻었다'라고. 그대는 이와 같이 생각할 수 있습니까?"

사리불이 문수사리에게 말하였다.

"저는 항상 그런 생각을 합니다."

문수사리가 사리불에게 답하였다.

"허공이 무수함과 같이 중생도 또한 무수하며, 허공을 제도할 수 없고 중생도 또한 제도할 수 없습니다. 무슨 까닭이냐 하면 일체 중생이 허공과 같은데 어떻게 모든 부처님이 중생을 교화하겠습니까?"

사리불이 말하였다.

"만약 일체 중생과 허공이 같다면 그대는 무슨 까닭으로 중생을 위하여 법을 설하여 보리를 얻게 합니까?"

문수사리가 사리불에게 답하였다.

"보리란 실로 얻지 못함이라. 내가 어찌 어떠한 법을 설하여 중생으로 하여금 얻게 하겠습니까. 왜냐하면 사리불이여, 보리와 중생은 하나도 아니요, 둘도 아니며, 다른 것도 없고 작위도 없고 이름도 없고 바탕도 없어, 실로 있는 바가 없습니다."

그때 세존께서 대인상(大人相)의 육계(肉髻)에서 특별히 다른 희유하여 말할 수 없는 광명이 나와서 문수사리보살마하살 법왕자(法王子)의 이마에 들어갔다가 다시 이마에서 나와서 널리 대중에게 비추었다. 대중을 비추고는 나와서 곧 시방의 일체 세계에도 두루 비추었다.

이때 대중은 이 광명을 받아 몸과 마음이 상쾌하고 즐거워 미증유함을 얻고 모두 자리에서 일어나 세존과 문수사리를 우러러 쳐다보면서 이런 생각을 하였다.

'이제 여래께서 이 기묘하고 특이한 미묘한 광명을 놓으시어 문수사리법왕자의 이마에 들어갔다가 도로 이마에서 나와 널리 대중을 비추고, 대중을 비추고 나서는 곧 시방을 두루하니 인연이 없지 않아 반드시 묘법을 설하실 것이리라. 우리들은 다만 마땅히 부지런히

닦고 정진하여 즐거이 설하심과 같이 수행하여야 하리라.'

이와 같이 생각하고는 각각 부처님께 아뢰었다.

"세존이시여, 여래께서 이제 이런 광명을 놓으시니 인연이 없지 않아 반드시 묘법을 설하실 것 같사오니 우리들은 목말라 우러러보며 즐거이 설하심과 같이 행하오리다."

이와 같이 아뢰고 나서 묵묵히 머물렀다.

그때 문수사리가 부처님께 아뢰었다.

"세존이시여, 여래께서 빛을 놓아 저의 신통력을 더하여 주셨습니다. 이 빛은 희유하여 색도 아니요 모양[相]도 아니며, 가는 것도 아니요 오는 것도 아니며, 움직임도 아니요 고요함도 아니며, 보는 것도 아니요 듣는 것도 아니요 깨침도 아니요 아는 것도 아니며, 일체 중생은 볼 수도 없으며, 기쁨도 없고 두려움도 없으며, 분별할 수 없으니 우리들은 마땅히 부처님의 성스러운 취지를 이어서 이 광명을 설하여 모든 중생으로 하여금 생각할 수 없는 지혜에 들어가게 하여야 할 것입니다."

그때 부처님께서 문수사리에게 말씀하셨다.

"훌륭하도다. 훌륭하도다. 네가 참으로 명쾌하게 말

하였도다. 내가 너의 기쁨을 도와주리라.”

문수사리가 부처님께 아뢰었다.

“세존이시여, 이 광명이란 것을 반야바라밀이요, 반
야바라밀이란 여래이며, 여래란 이 일체중생입니다. 세
존이시여, 저는 이와 같이 반야바라밀을 닦습니다.”

그때 부처님께서 문수사리에게 말씀하셨다.

“선남자여, 너는 지금 이와 같이 반야바라밀을 설하
였도다. 내가 지금 너에게 묻노라. 만약 어떤 사람이
너에게 중생계(衆生界)가 얼마나 있느냐고 묻는다면 너
는 어떻게 답할 것이냐?”

문수사리가 부처님께 아뢰었다.

“세존이시여, 만약 어떤 이가 이와 같이 묻는다면
나는 마땅히 중생계의 수는 여래계(界)와 같다고 답할
것입니다.”

“문수사리여, 만약 다시 너에게 중생계가 넓으냐, 좁
으냐고 묻는다면 너는 어떻게 답할 것이냐?”

문수사리가 부처님께 아뢰었다.

“세존이시여, 만약 어떤 이가 이와 같이 묻는다면
저는 마땅히 부처님의 세계와 넓고 좁음이 같다고 답
할 것입니다.”

“문수사리여, 만약 다시 너에게 중생계는 어느 곳에

매달려 있느냐고 묻는다면 마땅히 어떻게 대답하겠느
냐?”

“세존이시여, 저는 마땅히 여래께서 매달린 것과 같
이 중생도 또한 그러하다고 대답할 것입니다.”

“문수사리여, 만약 다시 너에게 중생계는 어느 곳에
머물러 있느냐고 묻는다면 마땅히 어떻게 답할 것이
냐?”

“세존이시여, 저는 마땅히 열반계(界)에 머문다고 답
할 것입니다.”

　부처님께서 문수사리에게 말씀하셨다.

“이와 같이 반야바라밀을 닦는다면 반야바라밀은 머
무는 곳이 있느냐?”

　문수사리가 부처님께 아뢰었다.

“세존이시여, 반야바라밀은 머무는 곳이 없습니다.”

　부처님께서 문수사리에게 말씀하셨다.

“만약 반야바라밀이 머무는 곳이 없다면 너는 어떻
게 닦으며, 어떻게 배우느냐?”

　문수사리가 부처님께 아뢰었다.

“세존이시여, 만약 반야바라밀이 머무는 곳이 있다면
곧 닦고 배울 것이 없습니다.”

　부처님께서 문수사리에게 말씀하셨다.

"네가 반야바라밀다를 닦을 때 선근(善根)이 늘어나느냐, 줄어드느냐?"

문수사리가 부처님께 아뢰었다.

"세존이시여, 선근이 늘어날 수도 줄어들 수도 없습니다. 만약 늘어나거나 줄어듦이 있으면 반야바라밀을 닦는 것이 아닙니다.

세존이시여, 법이 늘어나지도 아니하고 법이 줄어들지도 아니하니, 이것이 반야바라밀을 닦은 것입니다. 범부의 법을 버리지 아니하고 여래의 법을 취하지도 아니하나니, 이것이 반야바라밀을 닦는 것입니다.

왜냐하면 세존이시여, 반야바라밀은 법을 얻기 위하여 닦는 것이 아니요, 법을 얻지 아니하려 함도 아닌 까닭에 닦는 것이며, 법을 닦기 위한 까닭으로 닦는 것도 아니요, 법을 닦지 않기 위한 까닭으로 닦는 것도 아니기 때문입니다.

세존이시여, 얻음도 없고 버림도 없으니, 이것이 반야바라밀을 닦는 것입니다.

왜냐하면 생사의 허물을 위함도 아니요, 열반의 공덕을 위함도 아닌 까닭입니다.

세존이시여, 만약 이와 같이 반야바라밀을 닦으면 취하지도 아니하고 받지도 아니하며, 버리지도 아니하고 놓지도 아니하고, 늘어나지도 아니하고 줄지도 아니하며, 일어나지도 아니하고 말하지도 않습니다.

　세존이시여, 만약 선남자 선여인이 '이 법은 위에 있다, 이 법은 중간이다, 이 법은 아래다'라고 사유한다면 반야바라밀을 닦는 것이 아닙니다. 왜냐하면 위나 중간이나 아래의 법은 없는 까닭입니다. 세존이시여, 저는 이와 같은 반야바라밀을 닦습니다."

　부처님께서 문수사리에게 말씀하셨다.
　"일체의 불법은 위로 늘어나지 않는가?"
　문수사리가 부처님께 아뢰었다.
　"세존이시여, 부처님법과 보살법·성문법·연각법과 나아가 범부법(凡夫法)이 다 얻을 수 없습니다. 왜냐하면 필경에 공한 까닭이며, 필경의 공한 가운데는 불법도 없고, 범부법도 없으며, 범부의 법 가운데는 필경의 공도 없습니다. 왜냐하면 공하고 공하지 아니함을 얻지 못하는 까닭입니다."

　부처님께서 문수사리에게 말씀하셨다.
　"불법은 위가 없느냐?"
　문수사리가 부처님께 아뢰었다.
　"세존이시여, 한 법도 없으니 작은 먼지와 같아 이름을 위없음[無上]이라 인정할 뿐입니다.

왜냐하면 보시[檀]바라밀·보시바라밀의 공(空)함에서부터 반야바라밀·반야바라밀의 공함에 이르기까지와 10력(力)·10력의 공함, 4무외(無畏)·18불공법(不共法)에서부터 살바야(薩波若: 일체지)·살바야의 공함에 이르기까지, 공 가운데는 위없는 것도 없고 위나 가운데도 없으며, 공도 없고 공과 공 아님도 필경에는 얻지 못하는 까닭입니다.

세존이시여, 이 반야바라밀은 불가사의한 법이옵니다."

부처님께서 문수사리에게 말씀하셨다.

"너는 불법을 사유하지 아니하느냐?"

문수사리가 부처님께 아뢰었다.

"세존이시여, 제가 만약 불법을 사유한다면 저는 곧 불법이 위없음[無上]을 볼 것입니다. 왜냐하면 위없음이 없는 까닭입니다.

세존이시여, 5음(陰)·12입(入)·18계(界)도 필경에 얻지 못함이요, 일체 불법도 또한 얻지 못하며, 얻지 못하는 가운데는 얻고 얻지 못함이 없는 까닭입니다.

세존이시여, 반야바라밀 가운데는 범부에서부터 부처에 이르기까지의 법도 없고, 법 아님도 없는데 제가 마땅히 어떤 법을 사유하겠습니까."

　부처님께서 말씀하셨다.

　"선남자여, 만약 사유함이 없다면 너는 응당히 이것
이 범부의 법, 연각의 법이라고 말하지 않아야 할 것
이요 나아가 응당히 이것이 불법이라고도 말하지 않아
야 할 것이니라. 왜냐하면 얻을 수 없기 때문이다."

　"세존이시여, 저는 실로 범부법이라든지 나아가 불법
을 말하지 아니하였습니다. 왜냐하면 반야바라밀을 닦
지 않았기 때문입니다."

　부처님께서 말씀하셨다.

　"선남자여, 너도 또한 '이것은 욕계요, 이것은 색계
요, 이것은 무색계다'라고 응당히 이와 같은 뜻을 짓지
말아야할 것이니라. 왜냐하면 얻을 수 없기 때문이다."

　"세존이시여, 욕계와 욕계의 성품은 공하며 나아가
무색계와 무색계의 성품도 공하며, 공한 가운데는 설할
것이 없고, 저도 또한 설한 것이 없습니다.

　세존이시여, 반야바라밀을 닦으면 위도 볼 수 없고
위가 아닌 것도 보지 못합니다.

　왜냐하면 세존이시여, 반야바라밀을 닦으면 불법을
취하지도 않고, 범부의 법을 버리지도 않기 때문입니
다. 무슨 까닭인가 하면 필경의 공 가운데는 취하거나
버리는 것이 없습니다."

부처님께서 문수사리에게 말씀하셨다.

"훌륭하도다, 훌륭하도다. 네가 능히 이와 같이 깊은 반야바라밀을 설하니, 이것은 이 보살마하살의 인(印)이니라.

문수사리여, 만약 선남자 선여인이 천만 부처님께 깊이 선근을 심어 이 법을 들은 것이 아니요, 이에 한량없고 끝없는 부처님께 깊은 선근을 심어서 이에 이 심히 깊은 반야바라밀을 듣고 두려워하지 않았느니라."

문수사리가 다시 부처님께 아뢰었다.

"세존이시여, 저는 부처님의 위신[威神]을 이어서 마땅히 다시 매우 깊은 반야바라밀을 설하겠습니다."

부처님께서 문수사리에게 말씀하셨다.

"훌륭하도다, 훌륭하도다. 자유로이 너의 설법을 들을 것이다."

문수사리가 부처님께 아뢰었다.

"세존이시여, 만약 법이 생김을 얻지 못하면 이것은 반야바라밀을 닦는 것입니다. 왜냐하면 모든 법은 생김이 없는 까닭이며, 만약 법이 머무름을 얻지 못하면 이는 반야바라밀을 닦는 것입니다. 무슨 까닭이냐 하면 모든 법이 여실한 까닭입니다. 만약 멸함을 얻지 못하면 이는 반야바라밀을 닦는 것입니다. 왜냐하면 모든 법은 적멸한 까닭입니다.

　세존이시여, 만약 색(色)을 얻지 못하면 이것은 반야 바라밀을 닦는 것이요, 나아가 알음알이[識]에 이르기 까지를 얻지 못하면 이는 반야바라밀을 닦는 것입니다. 왜냐하면 일체 모든 법은 허깨비[幻]와 같고 번뇌와 같은 까닭입니다.

　세존이시여, 만약 눈을 얻지 못하면 이는 반야바라 밀을 닦는 것이요, 나아가 뜻에 이르기까지를 얻지 못 하여도 이는 반야바라밀을 닦는 것이요, 만약 색에서부 터 법에 이르기까지를 얻지 못하며, 눈의 경계·색의 경계·안식(眼識: 눈의 알음알이)의 경계를 얻지 못하 며, 나아가 법의 경계·의식(意識: 뜻의 알음알이)의 경 계에 이르기까지를 얻지 못하면 이는 반야바라밀을 닦 는 것입니다. 만약 욕계를 얻지 못하면 이는 반야바라 밀을 닦는 것이요, 나아가 무색계에 이르기까지도 또한 이와 같습니다.

　세존이시여, 만약 단바라밀을 얻지 못하면 이는 반 야바라밀을 닦는 것이요, 나아가 반야바라밀에 이르기 까지를 얻지 못하면 이는 반야바라밀을 닦는 것이요, 만약 부처님의 10력(力)·4무소외(無所畏) 나아가 18불 공법(不共法)에 이르기까지를 얻지 못하면 이는 반야바 라밀을 닦는 것이옵니다. 왜냐하면 안이 공한 까닭이요

[內空], 나아가 법이 없거나 법이 있음에 이르기까지도 공한 까닭입니다.

세존이시여, 만약 생기거나 머물거나 멸함을 얻으면 반야바라밀을 닦는 것이 아닙니다. 만약 5음(陰)·12입(入)·18계(界)를 얻으면 반야바라밀을 닦는 것이 아닙니다.

만약 욕계(欲界)·색계(色界)·무색계(無色界)를 믿으면 반야바라밀을 닦는 것이 아닙니다.

만약 보시[檀]에서부터 반야에 이르기까지를 얻거나, 혹은 부처님의 십력에서부터 18불공법에 이르기까지를 얻으면 반야바라밀을 닦는 것이 아니옵니다. 왜냐하면 있는 것을 가지고 얻는 까닭입니다.

세존이시여, 만약 선남자 선여인이 이 심히 깊은 반야바라밀을 듣고 놀라지도 않고 의심하지도 않고 두려워하지도 않고 물러나지도 아니하면 이 사람은 오래도록 과거 부처님께 깊은 선근을 심었다는 것을 마땅히 알 것입니다."

문수사리가 다시 부처님께 아뢰었다.

"세존이시여, 만약 더러운 법이나 깨끗한 법을 보지 못하고, 생사의 과(果)를 보지 못하고, 열반의 과를 보지 못하고, 부처를 보지 못하고, 보살을 보지 못하고,

연각을 보지 못하고, 성문을 보지 못하고, 범부를 보지 못하면 이것은 반야바라밀을 닦는 것이옵니다. 왜냐하면 모든 법은 번뇌도 없고 깨끗함도 없고 나아가 범부에 이르기까지도 없는 까닭입니다.

세존이시여, 만약 번뇌나 깨끗함을 보거나 나아가 범부에 이르기까지를 보면 반야바라밀을 닦는 것이 아닙니다.

세존이시여, 만약 더러운 법을 차별하거나 깨끗한 법을 차별함을 보거나 나아가 부처님과 차별, 범부법과 차별에 이르기까지를 보면 반야바라밀을 닦는 것이 아닙니다. 왜냐하면 반야바라밀은 차별이 없기 때문입니다."

부처님께서 문수사리에게 말씀하셨다.

"훌륭하도다. 훌륭하도다. 이것이 진실로 반야바라밀을 닦는 것이니라. 문수사리여, 너는 어떻게 부처님을 공양하느냐?"

문수사리가 부처님께 아뢰었다.

"세존이시여, 만약 요술장이[幻人]가 마음의 법[心數]으로 나를 멸한다면 곧 부처님께 공양하옵니다."

부처님께서 문수사리에게 말씀하셨다.

"너는 불법에 머물지 아니하느냐?"

　　문수사리가 부처님께 아뢰었다.

　　"부처님은 법이 없는데 머무시는데 제가 어떻게 머물겠습니까."

　　부처님께서 문수사리에게 말씀하셨다.

　　"만약 법을 얻을 수 없다면 누구에게 불법이 있느냐?"

　　문수사리가 부처님께 아뢰었다.

　　"세존이시여, 불법이 있는 자가 없습니다."

　　부처님께서 문수사리에게 말씀하셨다.

　　"너는 이미 집착이 없는 데 이르렀느냐?"

　　문수사리가 부처님께 아뢰었다.

　　"집착이 없으면 이를 수 없사온데 어떻게 세존께서는 이미 집착 없는 데 이르렀느냐고 물으십니까?"

　　부처님께서 문수사리에게 말씀하셨다.

　　"너는 보리에 머물었느냐?"

　　문수사리가 부처님께 아뢰었다.

　　"세존이시여, 부처님께서도 오히려 보리에 머무시지 아니하는데 어찌 하물며 제가 마땅히 보리에 머물겠습니까."

　　부처님께서 문수사리에게 말씀하셨다.

"너는 어느 곳에 의지하여 이같이 말하느냐?"

문수사리가 부처님께 아뢰었다.

"저는 의지하는 곳이 없이 이와 같이 설하옵니다."

부처님께서 문수사리에게 말씀하셨다.

"네가 만약 의지함이 없다면 무엇을 위하여 설하느냐?"

문수사리가 부처님께 아뢰었다.

"이와 같습니다. 세존이시여, 저는 설한 것이 없습니다. 왜냐하면 모든 법은 이름자가 없는 까닭입니다."

그때 장로 사리불이 부처님께 아뢰었다.

"세존이시여, 만약 보살마하살이 이 깊은 법을 듣고 놀라거나 의심하거나 두려워하지 아니하면 반드시 결정코 아뇩다라삼먁삼보리를 가까이하여 얻겠습니까?"

그때 미륵보살도 부처님께 아뢰었다.

"세존이시여, 만약 모든 보살마하살이 이 깊은 법을 듣고 놀라거나 의심하거나 두려워하지 아니하면 아뇩다라삼먁삼보리를 가까이하여 얻겠습니다."

그때 이름이 무연(無緣)이라 하는 천녀(天女)가 부처께 여쭈었다.

"세존이시여, 만약 선남자와 선여인이 이 깊은 법을 듣고 놀라거나 의심하거나 두려워하지 아니하면 마땅히 성문법·연각법·보살법·부처님법을 얻겠습니까?”

그때 부처님께서 사리불에게 말씀하셨다.

“그러하도다, 그러하도다. 사리불이여, 만약 모든 보살마하살이 이 깊은 법을 듣고 놀라거나 의심하거나 두려워하지 아니하면 결정코 마땅히 아뇩다라삼먁삼보리를 얻을 것이며, 이 선남자와 선여인은 마땅히 큰 시주(施主), 제일의 시주, 뛰어난 시주가 되어 마땅히 지계·인욕·정진·선정·지혜를 구족하며, 마땅히 모든 공덕을 갖추고 상호를 성취하여 스스로 두려워하지 아니하고 사람으로 하여금 두려워하지 않게 하며, 구경의 반야바라밀인 가히 얻을 수 없는 무상(無相)과 무위(無爲)를 가지고 제일의 불가사의함을 얻는 까닭이니라.”

부처님께서 문수사리에게 말씀하셨다.

“너는 무엇을 보고 무엇을 즐기며, 아뇩다라삼먁삼보리를 구하느냐?”

문수사리가 부처님께 아뢰었다.

“세존이시여, 저는 보는 것도 없고 즐기는 것도 없는 까닭에 보리를 구합니다.”

부처님께서 문수사리에게 말씀하셨다.

“만약 보는 것도 없고 즐기는 것도 없다면 또한 마

땅히 구하는 것도 없으리라."

문수사리가 부처님께 아뢰었다.

"그러하옵니다. 세존이시여, 저는 실로 구하는 것이 없습니다. 왜냐하면 만약 구함이 있으면 이는 범부의 모양이기 때문입니다."

부처님께서 문수사리에게 말씀하셨다.

"너는 지금 진실로 보리를 구하지 아니하느냐?"

문수사리가 부처님께 아뢰었다.

"저는 진실로 보리를 구하지 않습니다. 왜냐하면 만약 보리를 구하면 이는 범부의 모양이기 때문입니다."

부처님께서 문수사리에게 말씀하셨다.

"너는 결정코 보리를 구하느냐, 결정코 구하지 않느냐?"

문수사리가 부처님께 아뢰었다.

"만약 결정코 보리를 구하거나 결정코 구하지 않거나, 결정코 구하거나 구하지 않기를 결정하거나, 구하지 않거나 구하지 아니함도 아니라고 말하면 이는 범부의 모양입니다. 왜냐하면 보리는 머무는 곳이 없기 때문입니다."

부처님께서 문수사리에게 말씀하셨다.

"훌륭하도다. 훌륭하도다. 너는 능히 이와 같이 반야바라밀을 설하니, 너는 이미 한량없는 부처님의 처소에서 깊이 선근을 심었고 오래 동안 범행[清淨行]을 닦았기 때문이다. 모든 보살마하살은 응당히 네가 설한 바와 같이 행할 것이니라.”

문수사리가 부처님께 아뢰었다.

“저는 선근을 심지도 않았고 범행을 닦지도 않았습니다. 왜냐하면 제가 만약 선근을 심었다면 곧 일체 중생도 또한 선근을 심었을 것이요, 제가 만약 범행을 닦았다면 곧 일체 중생도 또한 범행을 닦았을 것입니다. 왜냐하면 일체 중생은 곧 범행의 모양이기 때문입니다.”

부처님께서 문수사리에게 말씀하셨다.

“너는 무엇을 보고 무엇으로 증명하며 이와 같이 말하느냐?”

문수사리가 부처님께 아뢰었다.

“저는 본 것도 없고 증명할 것도 없으며, 또한 설한 바도 없습니다.

세존이시여, 저는 범부도 보지 못하고, 배우는 이[學]도 보지 못하며, 다 배운 이[無學]도 보지 못하고, 배우지 아니하는 이나 다 배운 이[無學]도 아닌 자를 보지 못하니, 보지 못하므로 증명하지도 못합니다.”

그때 사리불이 문수사리에게 말하였다.

"그대는 부처님을 보십니까?"

문수사리가 사리불에게 답하였다.

"성문인(聲聞人)도 보지 못하는데 하물며 제가 어떻게 부처님을 보겠습니까. 왜냐하면 모든 법을 보지 못하므로 보살이라고 말합니다."

사리불이 문수사리에게 말하였다.

"그대는 지금 결정코 모든 법을 보지 못합니까?"

문수사리가 사리불에게 답하였다.

"대덕 큰 비구여, 그대는 그만 중지하십시오. 모름지기 다시는 설하지 마십시오."

사리불이 문수사리에게 말하였다.

"부처님이 된다고 말하는 것은 누구를 말하는 것입니까?"

문수사리가 사리불에게 답하였다.

"부처란 부처가 아니요, 얻을 수도 없고, 말할 것도 없고, 설할 것도 없습니다. 사리불이여, 보리라는 것은 말이나 설법[言說]으로 할 수 없는데, 어찌 하물며 부처를 말하고 설할 수 있으리오. 또한 대덕 사리불이여, 그대가 부처라고 말하는 것은 누구를 말하는 것입니까? 이 말이란 모이지도 않고, 흩어지지도 않고, 생김

도 아니요 멸함도 아니며, 가는 것도 아니요 오는 것
도 아니며, 한 법도 있는 것이 없고, 서로 더불어 응대
하기는 하나 글자도 없고 구절도 없는 것입니다.

　대덕 사리불이여, 부처님을 보고자 하면 마땅히 이
와 같이 배워야 합니다.”

　그때 사리불이 부처님께 아뢰었다.
　“세존이시여, 이 문수사리가 설한 바 새로운 뜻의
보살이란 능히 알 수 없습니다.”
　문수사리가 사리불에게 대답하였다.
　“그러합니다. 그러합니다. 대덕 사리불이여, 보리란
알 수 있는 것이 아닙니다. 새로운 뜻을 나타낸 것을
어떻게 마땅히 알겠습니까?”

　사리불이 문수사리에게 말하였다.
　“모든 부처님 여래는 법계를 깨닫지 못합니까?”
　문수사리가 사리불에게 대답하였다.
　“모든 부처님이란 것도 오히려 얻지 못하는데 어떻
게 부처님이 있어 법계를 깨치겠습니까? 사리불이여,
법계란 것도 오히려 얻을 수 없는데 어떻게 법계가 모
든 부처님이 깨치는 바가 되겠습니까? 사리불이여, 법
계란 곧 이것이 보리요, 보리란 곧 이것이 법계입니다.

왜냐하면 모든 법은 경계가 없는 까닭입니다.

　대덕 사리불이여, 법계와 부처님의 경계는 차별이 없으며, 차별이 없다는 것은 곧 이것은 지음이 없음이요[無作], 지음이 없다는 것은 곧 이것이 함이 없음[無作]이요, 함이 없다는 것은 곧 이것이 설함이 없음[無說]이요, 설할 것이 없다는 것은 곧 있는 바가 없는 것입니다."

　사리불이 문수사리에게 말하였다.
　"일체 법계와 부처님의 경계는 실로 있는 바가 없습니까?"
　문수사리가 사리불에게 대답하였다.
　"있는 것도 없고 있지 않은 것도 없습니다. 왜냐하면 있는 것과 있지 않은 것은 한모양[一相]이거나 모양이 없고, 하나도 없고 둘도 없기 때문입니다."
　사리불이 문수사리에게 말하였다.
　"이와 같이 배우는 자는 마땅히 보리를 얻습니까?"
　문수사리가 사리불에게 답하였다.
　"이와 같이 배울 바가 없음을 배우면 선도(善道)에도 태어나지도 않고 악도에도 떨어지지 않으며, 보리도 얻지 못하고 열반에도 들지 않습니다. 왜냐하면 사리불이여, 반야바라밀은 필경에 공(空)한 까닭이요, 필경에 공한 가운데는 하나도 없고, 둘도 없고, 셋도 없고, 넷도 없고, 가고 옴도 없어서 불가사의하기 때문입니다.

대덕 사리불이여, 만약 내가 보리를 얻었다면 이것은 잘난 체 하는 사람[增上慢]입니다. 왜냐하면 얻지 못한 것을 얻었다고 말한 까닭입니다. 이와 같이 잘난 체하는 사람은 감히 사람들이 믿고 보시하는 것을 받지 못할 것이며, 믿는 사람이 있어도 공양에 응하지 못할 것입니다."

사리불이 문수사리에게 말하였다.

"당신은 무엇에 의지하여 이와 같이 설합니까?"

문수사리가 사리불에게 대답하였다.

"나는 의지하는 바 없이 이와 같이 설합니다. 왜냐하면 반야바라밀과 모든 법은 같은 까닭이요, 모든 법은 의지하는 바 없이 평등한 까닭입니다."

사리불이 문수사리에게 말하였다.

"당신은 지혜를 가지고 번뇌를 끊지 않습니까?"

문수사리가 사리불에게 반문하여 답하였다.

"당신은 이 번뇌가 다한[漏盡] 아라한이십니까?"

사리불이 말하였다.

"아닙니다."

　　문수사리가 말하였다.
　　"나도 또한 지혜를 가지고 번뇌를 끊지 않습니다."

　사리불이 말하였다.
　　"당신은 무엇에 의지하여 이와 같이 설하고 두려워
하지도 않고 겁내지 않는 것입니까."
　　문수사리가 말하였다.
　　"나란 것도 오히려 얻지 못하는데 마땅히 어떤 나가
있어 두려움이 생기겠습니까?"
　　사리불이 말하였다.
　　"훌륭하십니다. 문수사리여, 상쾌하게 이와 같이 심
히 깊은 반야바라밀을 설하셨습니다."

　　그때 부처님께서 문수사리에게 말씀하셨다.
　　"선남자여, 보살마하살이 보리심에 머물러서 위없는
보리를 구함이 있느냐?"
　　문수사리가 부처님께 아뢰었다.
　　"세존이시여, 보살은 보리심에 머물러서 위없는 보리
를 구함이 없습니다. 왜냐하면 보리심은 얻을 수 없고,
위없는 보리도 또한 얻지 못하며, 5무간죄(無間罪) 이
것이 보리의 성품이며 보살이 무간(無間)지옥의 마음을
일으켜 무간지옥의 죄과[無間罪果]를 구함이 있을 수

없는데 어떻게 보살이 보리심에 머물러 위없는 보리를 구하겠습니까. 보리란 이 일체의 법[諸法]이니, 왜냐하면 색(色: 물질)과 색 아님을 얻을 수 없는 까닭이요, 나아가 알음알이[識]와 알음알이가 아님에 이르기까지도 또한 얻지 못하고, 눈[眼]도 얻지 못하고, 나아가 뜻도 얻지 못하고, 색에 이르기까지도 얻지 못하고, 나아가 법에 이르기까지도 없지 못하며, 눈의 경계와 나아가 법의 경계[法界]에 이르기까지도 또한 얻지 못하며, 생김도 얻지 못하고 나아가 늙고 죽음에 이르기까지도 또한 얻지 못하며, 보시[檀]바라밀도 얻지 못하고, 나아가 반야바라밀에 이르기까지도 또한 얻지 못하고, 부처님의 10력도 얻지 못하고, 나아가 18불공법에 이르기까지도 또한 얻지 못하며, 보리심과 위없는 보리도 다 얻지 못하며, 얻지 못하는 가운데 얻고 얻지 못하는 것이 없는 까닭입니다.

　그러므로 세존이시여, 보살이 보리심에 머물러 위없는 보리를 구할 수 없습니다.”

　부처님께서 문수사리에게 말씀하셨다.
　“너의 뜻에 여래라고 생각하는 것이 너의 스승인가?”
　문수사리가 부처님께 아뢰었다.

"저는 뜻이 없음을 부처라고 생각하오니 이것이 저의 스승입니다. 왜냐하면 세존이시여, 나란 것도 오히려 얻지 못하는데 어찌 하물며 마땅히 뜻이 있음을 부처라 말하며, 이것이 저의 스승이라고 하겠습니까?"

부처님께서 문수사리에게 말씀하셨다.
"너는 나에게 의심이 있느냐?"
문수사리가 부처님께 아뢰었다.
"세존이시여, 나란 것도 오히려 결정함이 없는데 어찌 하물며 마땅히 의심이 있겠습니까? 왜냐하면 먼저 결정한 뒤에 의심하기 때문입니다."

부처님께서 문수사리에게 말씀하셨다.
"너는 결정하지 않고 여래가 생하였다고 말하느냐?"
문수사리가 부처님께 아뢰었다.
"여래께서 만약 생하였다면 법계도 또한 마땅히 생길 것입니다. 왜냐하면 법계와 여래는 한 모양[一相]이요, 두 가지 모양이 없으며, 두 가지 모양을 얻지 못하는 까닭입니다."
부처님께서 말씀하셨다.
"문수사리여, 너는 모든 부처님 여래가 열반에 들었다고 믿느냐?"

문수사리가 말하였다.

"모든 부처님은 곧 열반의 모습이며, 열반의 모습이란 들어감도 없고 들어가지 아니함도 없습니다."

부처님께서 문수사리에게 말씀하셨다.

"너는 모든 부처님이 유전(流轉: 변천)함이 있다고 말하느냐?"

문수사리가 부처님께 아뢰었다.

"세존이시여, 유전하지 아니하는 것도 오히려 얻지 못하는데 어찌 하물며 유전함을 마땅히 얻겠습니까?"

부처님께서 문수사리에게 말씀하셨다.

"여래는 마음이 없으며, 다만 여래가 전에 이 말을 하였고 혹은 누(漏: 번뇌)가 다한 아라한과 물러나지 아니하는 보살이 이런 말을 하였느니라. 만약 다른 사람이 이 말을 들으면 곧 믿음이 생기지 않고 마땅히 놀라거나 의심할 것이니라. 왜냐하면 이 심히 깊은 반야바라밀은 믿기 어렵고 알기 어렵기 때문이니라."

문수사리가 부처님께 아뢰었다.

"세존이시여, 다시 어떠한 사람이 이 깊은 법을 믿겠습니까?"

부처님께서 문수사리에게 말씀하셨다.

"일체의 범부들이 이 법을 믿을 것이니라. 왜냐하면 여래에게는 마음이 없고 일체 범부도 또한 마음이 없기 때문이다."

문수사리가 부처님께 아뢰었다.

"세존이시여, 무슨 까닭으로 이와 같이 설하셨습니까? 새로 뜻을 낸 보살과 아라한이 모두 의심을 하나이다. 원컨대 해설을 듣고자 합니다."

부처님께서 문수사리에게 말씀하셨다.

"실상(實相)과 같은 법의 성품[性]·법의 머묾[住]·법의 자리[位]는 실제 가운데에서 부처와 범부의 차별이 있느냐?"

문수사리가 부처님께 아뢰었다.

"없습니다, 세존이시여."

부처님이 문수사리에게 말씀하셨다.

"만약 차별이 없다면 무슨 까닭으로 의심을 내느냐?"

문수사리가 부처님께 아뢰었다.

"세존이시여, 차별이 없는 가운데 부처가 있고 범부가 있습니까?"

부처님께서 말씀하셨다.

"있느니라. 왜냐하면 부처와 범부는 둘이 없고, 차별

도 없고, 한 모양이요 모양이란 것도 없기[一相無相]
때문이니라."

　부처님께서 문수사리에게 말씀하셨다.
　"너는 여래가 일체 중생 가운데서 가장 훌륭하다고
믿느냐?"
　문수사리가 부처님께 아뢰었다.
　"세존이시여, 저는 여래께서 일체 중생 가운데에서
가장 훌륭하다고 믿습니다. 세존이시여, 만약 제가 여
래가 일체 중생 가운데서 가장 훌륭하다고 믿으면 곧
여래는 가장 훌륭하지 아니함이 됩니다."

　부처님께서 문수사리에게 말씀하셨다.
　"너는 여래가 일체 불가사의한 법을 성취하였다고
믿느냐?"
　문수사리가 부처님께 아뢰었다.
　"세존이시여, 저는 여래께서 일체 불가사의한 법을
성취하였다고 믿습니다. 세존이시여, 제가 만약 여래가
일체 불가사의한 법을 성취하였다고 믿으면 여래는 곧
생각할 수 있는 것[可思議]을 이룬 것입니다."

　부처님께서 문수사리에게 말씀하셨다.

"너는 일체 성문이 여래가 교화한 것이라고 믿느냐?"

"세존이시여, 저는 일체 성문은 여래께서 교화한 바라고 믿습니다. 세존이시여, 제가 만약 일체 성문을 여래께서 교화한 바라고 믿으면 곧 법계를 교화하여 이룬 것입니다."

부처님께서 문수사리에게 말씀하셨다.

"너는 여래가 위없는 복전(福田)이라고 믿느냐?"

"세존이시여, 저는 여래를 위없는 복전이라고 믿습니다. 세존이시여, 제가 만약 여래를 위없는 복전이라고 믿으면 여래는 곧 복전이 아니옵니다."

부처님께서 문수사리에게 말씀하셨다.

"너는 무엇에 의하여 이와 같이 나에게 대답하느냐?"

문수사리가 부처님께 아뢰었다.

"세존이시여, 저는 의지하는 바가 없이 이와 같이 대답합니다. 세존이시여, 의지할 바 없는 가운데는 훌륭함도 없고 훌륭하지 않음도 없고, 생각할 수 있음도 없고 불가사의함도 없으며, 교화하는 것도 없고 교화하지 아니함도 없으며, 복전도 없고 복전 아님도 없습니다.”

　이때 부처님의 신통력으로 땅이 여섯 가지로 진동하
고 일만 육천 비구 대중이 마음에 취함이 없이 해탈을
얻고 칠백 비구니 대중과 삼천 우바새, 사만 우바이
대중이 티끌을 멀리하고 번뇌를 여의어 법의 눈이 깨
끗하여짐을 얻고, 6만억 나유타의 모든 하늘이 티끌을
멀리하고 번뇌를 여의고 법의 눈이 청정함을 얻었다.

　이때 장로 아난이 곧 자리에서 일어나 오른쪽 어깨
를 벗고 오른쪽 무릎을 땅에 대고 합장하고 공경하며
부처님께 아뢰었다.

　“세존이여, 어떤 인(因)과 무슨 연(緣) 때문에 이 땅
이 크게 진동하는 것입니까?”

　그때 부처님께서 아난에게 말씀하셨다.

　“이 반야바라밀을 설함은 지난 옛날 모든 부처님들
이 다 이곳에서 이 법을 설하였기 때문이니라. 이런
인연으로 이곳이 진동하느니라.”

　그때 장로 사리불이 부처님께 아뢰었다.

　“세존이시여, 이 문수사리가 설한 바는 불가사의하옵
니다.”

　그때 세존께서 문수사리에게 말씀하셨다.

"사리불이 말함과 같이 문수사리가 설한 바는 불가사의하도다."

그때 문수사리가 부처님께 아뢰었다.

"세존이시여, 만약 불가사의하면 곧 설할 수 없을 것이요, 만약 설할 수 있으면 생각할 수 있을 것입니다. 불가사의란 있는 바가 없으며, 저 일체의 소리도 또한 불가사의라서 불가사의란 소리도 없습니다."

부처님께서 말씀하셨다.

"너는 부사의삼매(不思議三昧)에 들었느냐?"

문수사리가 말하였다.

"아니옵니다. 세존이시여, 저는 불가사의[不思議]란 마음이 있어서 능히 생각한다는 것을 보지 못하였습니다. 어떻게 부사의삼매에 들었다고 말하겠습니까. 저는 초발심 때 이 선정에 들고자 하였으나 지금 사유해 보니 실로 마음의 모양[心相]이 없어야 삼매에 들어갑니다. 마치 활쏘기를 배움에 오래 익히면 곧 재주가 교묘해져서 후에는 비록 무심히 하여도 오래 익힌 까닭으로 화살이 날아가 모두 적중하는 것과 같이, 저도 또한 이와 같이 처음 부사의삼매를 배움에 마음을 한곳에 인연하여 매어두어 만약 오래 익히면 다시 마음에 생각이 없이 항상 선정과 합(合)합니다."

사리불이 문수사리에게 말하였다.

"다시 뛰어나고 미묘한 적멸의 선정이 있습니까?"

문수사리가 말하였다.

"만약 부사의한 선정이 있다면 그대는 다시 적멸정(寂滅定)이 있느냐고 물을 것입니다. 나의 뜻으로 알고 있는 것과 같다면 불가사의 정(定)도 오히려 얻지 못하는데 어떻게 나에게 적멸의 선정을 묻습니까?"

사리불이 말하였다.

"부사의정은 얻지 못합니까?"

문수사리가 말하였다.

"생각하는 선정[思議定]이란 이것은 모양을 얻을 수 있으나, 부사의정이란 모양을 얻지 못하며, 일체 중생은 실로 부사의정을 성취하였습니다. 왜냐하면 일체 마음의 모양[心相]은 곧 마음이 아닌 까닭이며, 이것을 이름하여 부사의정이라고 하기 때문입니다. 그러므로 일체 중생의 모양 및 부사의삼매의 모양 등은 분별이 없습니다."

부처님께서 문수사리를 찬탄하여 말씀하셨다.

"훌륭하고 훌륭하구나. 너는 모든 부처님께 오래도록 선근을 심었고 청정하게 범행(梵行)을 닦아 이에 능히 그 심히 깊은 삼매를 연설하는구나. 너는 지금 이와 같은 반야바라밀 가운데 편안히 머무는 것이다."

문수사리가 말하였다.

"제가 만약 반야바라밀 가운데 머물러서 능히 이렇게 설한다면 곧 이것은 생각이 있음이요, 곧 나란 생각에 머무는 것입니다. 만약 생각이 있어서 나란 생각 가운데 머문다면 반야바라밀은 곧 처소가 있음이요, 반야바라밀이 만약 없는데 머문다면 또한 이것은 나란 생각이요, 또한 처소(處所)라고 이름할 것이며, 이 두 곳을 떠나 머물 바 없는 데 머문다면 모든 부처님이 편안히 적멸에 처함과 같아 생각하는 경계가 아닙니다. 이와 같이 부사의함을 이름하여 반야바라밀이라 이름하며, 반야바라밀이 처한 곳은 일체법은 모양이 없고 일체법은 지음이 없으며, 반야바라밀은 곧 부사의요, 부사의는 곧 법계입니다. 법계는 곧 모양이 없고, 모양이 없으면 곧 부사의요, 부사의는 곧 반야바라밀인 것입니다. 반야바라밀과 법계는 둘이 없고 다름이 없으며, 둘이 없고 다름이 없음이 곧 법계요, 법계는 곧 모양이 없고, 모양이 없으면 곧 반야바라밀의 경계입니다. 반야바라밀의 경계[般若波羅蜜界]가 곧 부사의한 경계[不思議界]며, 부사의의 경계가 곧 생김이 없고 멸함이 없는 경계며, 생김이 없고 멸함이 없는 경계가 곧 부사의의 경계입니다."

"여래의 경계 및 나의 경계는 곧 두 모양이 아니며, 이와 같이 반야바라밀을 닦으면 곧 보리를 구함이 아닙니다. 왜냐하면 보리의 모양을 여의면 곧 반야바라밀인 까닭입니다.

세존이시여, 만약 나란 모양[我相]을 알되 집착하지 아니하며 알지도 못하고 집착도 없으면 이는 부처님이 아실 바요, 불가사의는 앎이 없고 집착이 없으며 곧 부처님이 아실 바입니다. 왜냐하면 체(體)의 본성을 알면 모양이 있는 바가 없는데 어떻게 능히 법계를 굴리겠습니까?

만약 본성이 체가 없고 집착이 없음을 알면 곧 이름하여 만물이 없다[無物]고 하며, 만약 만물이 있음이 없다면 이는 처소가 없음입니다. 의지함도 없고 머무름도 없으며, 의지함이 없고 머무름이 없으면 곧 생김이 없고 멸함도 없으며, 생김이 없고 멸함도 없으면 곧 무위(無爲) 공덕이며, 만약 이와 같이 알면 곧 마음의 생각이 없음이니, 마음의 생각이 없다면 어떻게 마땅히 알겠습니까. 유위(有爲)의 무위의 공덕을 알지 못하면 곧 부사의요, 부사의란 이것은 부처님이 아실 바이요, 또한 취함도 없고 취하지 아니함도 없으며, 삼세(三世)의 가고 오는 등의 모양을 보지 못하고, 생기거나 멸하며 모든 일이 나고 짓는 것을 취하지 아니하며, 또한 끊음도 아니요 항상함도 아닌 것입니다. 이와 같이 아는 자는 이것을 이름하여 바른 지혜[正智]요, 부사의한 지혜라 하며 허공과 같아 이것도 없고 저것도 없이 견주어 비교할 수 없으며, 좋고 나쁨이 없고, 같음도 없고, 모양도 없고 얼굴도 없습니다."

부처님께서 문수사리에게 말씀하셨다.
"만약 이와 같이 안다면 물러나지 않은 지혜[不退智]라고 하리라."
문수사리가 아뢰었다.
"지음이 없는 지혜를 불퇴지라고 합니다. 마치 쇳덩이와 같아 먼저 두들겨 보고 비로소 좋고 나쁨을 알 것이요, 만약 두들겨 보지 아니하면 알지 못하는 것처럼 불퇴지의 모양도 또한 다시 이와 같아 수행하는 경계(境界)를 필요로 합니다. 생각하지 아니하고, 집착하지 아니하고, 일어나지 아니하고, 지음이 없으며, 구족하여 움직이지 아니하고, 생기지도 아니하고 멸하지도 아니하면 이에 훤히 나타납니다."

그때 부처님께서 문수사리에게 말씀하셨다.
"모든 여래는 스스로 자기의 지혜를 설하셨으니 누

가 마땅히 능히 믿으랴."

문수사리가 아뢰었다.

"이와 같은 지혜란 열반법이 아니요, 생사의 법이 아니며, 이는 적멸행(寂滅行)이고 탐욕·성냄·어리석음을 끊지 않으며, 또한 끊지 아니함도 아닙니다. 왜냐하면 다함도 없고, 멸함도 없고, 생사를 여의지 아니하고, 또한 여의지 아니함도 아니며, 수도(修道)함을 여의지 아니하고, 수도하지 아니함도 아니니, 이와 같이 알면 바른 믿음이라 합니다."

부처님께서 문수사리에게 말씀하셨다.

"훌륭하도다. 훌륭하도다. 너의 설한 바와 같이 깊이 이 뜻을 알겠도다."

그때 장로 마하가섭(摩揀迦葉)이 부처님께 아뢰었다.

"세존이시여, 미래세에 누가 능히 이 깊은 법을 믿으며, 누가 이 법을 즐겨 듣겠습니까?"

부처님께서 가섭에게 말씀하셨다.

"곧 오늘의 사부대중 비구·비구니·우바새·우바이가 미래세에 능히 이 법을 믿고, 이 깊은 반야바라밀을 설함을 듣고 마땅히 이 법을 알 것이요 마땅히 이 법을 구할 것이니라.

가섭아, 비유하면 장자나 혹은 장자의 아들이 이미

가치가 억만 냥의 금 정도가 되는 큰 보배구슬을 잃고 크게 걱정하고 고뇌하다가 지금 다시 도로 찾아서 대단히 기뻐하여 근심과 고뇌가 없어지는 것과 같이, 이와 같이 가섭아, 비구·비구니·우바새·우바이가 미래세에 이 가장 깊은 반야바라밀경을 듣고 반야와 상응하여 듣고 나서는 기쁜 마음이 생겨 안락함을 얻어 다시는 근심과 고뇌가 없는 것도 또한 다시 이와 같아 마땅히 '우리들은 금일에 여래를 보았고 여래를 공양하였다'라고 말할 것이다. 왜냐하면 이 심히 깊고 미묘한 육바라밀을 들은 까닭이니라. 가섭아, 비유하자면 삼십삼천(天)의 파리질다라(波利質多羅: 하늘의 향나무) 나무가 처음 포자[皰]가 생길 때 이런 생각을 할 것이다. '포자는 오래지 않아 반드시 마땅히 열려서 퍼져 나갈 것이다'라고. 이와 같이 가섭아, 비구·비구니·우바새·우바이가 이 반야바라밀경을 듣고 마음에 기쁨이 생기는 것도 이와 같으니라.

가섭아, 이 깊은 반야바라밀은 여래가 멸한 후에도 마땅히 멸하지 않고 머물러서 곳곳에 유행하리라.

가섭아, 부처님의 신통력으로 인해 미래세 중에 선남자 선여인이 마땅히 이 깊은 반야바라밀을 얻을 것이다.

가섭아, 마치 마니구슬을 가공하는 사람이 마니보배

를 보면 마음에 기쁨이 생겨 생각할 틈이 없이 곧 진
품과 가짜를 아는 것과 같다. 왜냐하면 꿰뚫어 보는
견해가 있는 까닭이니라. 이와 같이 가섭아, 만약 어떤
사람이 이 반야바라밀에 상응하는 법을 듣고, 듣고 나
서는 기뻐서 믿음이 생기고 마음에 즐겨한다면 마땅히
알라, 이 사람은 과거 세상에서 이미 이 반야바라밀을
듣고 오랜 세월을 지나오면서 이미 일찍이 모든 부처
님께 공양하였기 때문이니라."

　가섭이 부처님께 아뢰었다.

　"세존이시여, 이 선남자 선여인이 지금 이 법을 들
으면 미래세에는 더욱 더 믿고 알 것입니다."

　부처님께서 마하가섭에게 말씀하셨다.

　"그러하도다. 그러하도다. 네가 말한 바와 같도다."

　그때 문수사리가 부처님께 아뢰었다.

　"세존이시여, 이 법은 행함도 없고, 모양도 없으며,
이 법을 설하는 자도 또한 행(行)할 것도 없고 모양도
없다면 세존이시여 어떻게 행(行)도 있고 모양도 있다
고 설하십니까?"

　부처님께서 문수사리에게 말씀하셨다.

　"나는 본래 보살도를 행할 때에 모든 선근을 닦고
아유월치(阿惟越致)에 머무르고자 하여 마땅히 반야바

라밀을 배우고, 아뇩다라삼먁삼보리를 배우고자 하여 마땅히 반야바라밀을 배웠느니라. 선남자 선여인이 일체법의 모양을 알고자 하고 일체 중생의 마음의 경계[心界]가 다 동등함을 알고자 하면 마땅히 반야바라밀을 배워야 할 것이니라.

문수사리여, 일체 불법을 배워서 무애(無碍)를 구족하고자 하면 마땅히 반야바라밀을 배워야 하며, 일체 부처님께서 아뇩다라삼먁삼보리를 이룰 때 상호나 위의(威儀)의 무량한 법식을 배우고자 하면 마땅히 반야바라밀을 배울 것이며, 일체 부처님이 아뇩다라삼먁삼보리의 일체 법식 및 모든 위의를 이루지 아니한 것을 배우고자 하면 마땅히 반야바라밀을 배워야 할 것이니라. 왜냐하면 이 공한 법 가운데는 모든 부처나 보리 등은 보지 못하기 때문이니라. 만약 선남자 선여인이 이와 같은 등의 모양에 의혹이 없이 알고자 하면 마땅히 반야바라밀을 배워야 할 것이다.

왜냐하면 반야바라밀에는 모든 법이 생기거나 멸하거나 번뇌가 있거나 청정함을 보지 못하기 때문이다. 그러므로 선남자 선여인은 마땅히 이와 같이 지어서[作] 반야바라밀을 배울 것이요, 일체법은 과거나 미래나 현재 등의 모양이 없음을 배우고자 하면 마땅히 반야바라밀을 배울 것이다. 왜냐하면 법계의 성품과 모양은 과거·미래·현재가 없는 까닭이니라.

일체법이 같이 법계에 들어서 마음에 걸림이 없음을 알고자 하면 마땅히 반야바라밀을 배워야 하며, 삼전십이행(三轉十二行)의 법륜[輪]을 얻고 또한 증득하여 알고 취하여 집착하지 아니하고자 하면 마땅히 반야바라밀을 배울 것이며, 자비심이 일체 중생에 두루 덮여 한도 없고 끝도 없으며 또한 중생이란 모양을 생각에 짓지 아니함을 얻고자 하면 마땅히 반야바라밀을 배울 것이며, 일체 중생이 논쟁[諍論]을 일으키지 아니하고 또한 다시 논쟁이 없다는 모양을 취하지 아니함을 얻고자 하면 마땅히 반야바라밀을 배울 것이며, 옳고 그름을 아는[是處非處] 10력(力)과 4무외(無畏)를 알아서 부처님 지혜에 머물며 걸림 없는 변재를 얻고자 하면 마땅히 반야바라밀을 배워야 하느니라.”

그때 문수사리가 부처님께 아뢰었다.

“세존이시여, 제가 정법을 봄[視]에 작위가 없고, 모양도 없고 얻음도 없고, 이로움도 없고, 생김도 없고 멸함도 없고, 가는 것도 없고 오는 것도 없고, 아는 것도 없고 보는 것도 없고, 짓는 것도 없고, 반야바라밀을 보지도 못하고 또한 반야바라밀의 경계를 보지 못하며, 증득함도 아니요 증득하지 아니함도 아니며, 희론을 짓지도 아니하고 분별도 없고 일체법이 다함이 없으며 다함을 여의어서, 범부의 법도 없고, 성문법도 없고, 벽지불(僻支佛)의 법과 불법도 없으며, 얻음도 아니요 얻지 아니함도 아니며, 생사를 버리지도 아니하며 열반을 증득하는 것도 아니요, 생각함도 아니요 생각하지 아니함도 아니며, 지음도 아니며 짓지 아니함도 아님이니라, 법의 모양을 이와 같이 알지 못하는데 어떻게 마땅히 반야바라밀을 배우겠습니까?”

　그때 부처님께서 문수사리에게 말씀하셨다.

　“만약 능히 이와 같이 모든 법의 모양을 알면 이것을 반야바라밀을 배운다고 하느니라. 보살마하살이 만약 보리자재삼매(菩提自在三昧)를 배워서 이 삼매를 얻고 모든 심히 깊은 불법을 밝게 비추고 모든 부처님의 이름자를 알고 또한 모든 부처님 세계가 장애가 없음을 다 훤히 깨닫고자 하면 마땅히 문수사리가 설한 반야바라밀과 같이 배울 것이니라.

　문수사리가 부처님께 아뢰었다.

　“세존이시여, 무슨 까닭으로 반야바라밀이라고 하십니까?”

　부처님께서 말씀하셨다.

　“반야바라밀이란 한이 없고[無邊], 끝이 없어[無際],

이름도 없고 모양도 없으며, 생각하여 헤아릴 것이 아
니요, 귀의할 곳도 없고[無歸依], 열반도 없고(無洲渚),
범할 것도 없고, 복도 없고, 어두움도 없고 밝음도 없
으며, 법계와 같아 가지런히 나눌 수도 없고[分齊], 또
한 한계가 있는 수도 없어서[無限數] 이것을 반야바라
밀이라고 이름하며, 또한 보살마하살의 행할 곳[行處]
이라고 이름하느니라. 행함도 아니요, 행하지 아니함도
아닌 곳이 다 일승(一乘)에 들어감을 행함이 아닌 곳이
라 이름하느니라. 무슨 까닭인가. 생각도 없고, 지음도
없으므로 곧 이것이 모든 부처님의 어머니이며, 모든
부처님의 태어나는 곳인 까닭이니라. 무슨 까닭인가.
생겨남이 없는 까닭이다. 그러므로 문수사리여, 만약
선남자·선여인이 보살행을 행하고 모든 바라밀을 구
족하고자 하면 마땅히 이 반야바라밀을 닦아야 할 것
이요, 만약 도량에 앉아 위없는 보리를 이루려면 마땅
히 이 반야바라밀을 닦을 것이며, 대자대비로써 일체
중생을 두루 덮으려면 마땅히 이 반야바라밀을 닦을
것이며, 만약 일체 선정과 방편을 일으키고자 하면 마
땅히 이 반야바라밀을 닦을 것이며, 만약 일체 삼마발
제(三摩跋提: 삼매)를 얻고자 하면 마땅히 이 반야바라
밀을 닦아야 할 것이니라. 무슨 까닭인가. 모든 삼마제
(三摩提: 삼매)는 하는 바가 없는 까닭이요, 모든 법은

여의어 벗어남[出離]도 없고 여의어 벗어날 곳도 없기 때문이니라. 만약 사람이 이 말을 좇아 따르고자 하면 마땅히 반야바라밀을 닦을 것이며 모든 법은 여실하여 얻지 않아야 하느니라. 만약 이와 같음을 알아서 즐겨 하고자 하면 마땅히 반야바라바라밀을 닦아야 할 것이다. 일체 중생은 보리를 위하므로 보리도(菩提道)를 닦되 그러나 실로 중생은 없고 또한 보리도 없다. 만약 사람이 이 법을 즐겁게 믿고자 한다면 마땅히 반야바라밀을 닦는 것이니라. 왜냐하면 모든 법은 여실히 보리와 같아[等如] 중생행이 아니요, 자성(自性)을 버리지 아니함이며, 그 중생행은 이 행이 아니며, 그 행이 아니면 이것이 보리요, 그 보리는 이 법계이니라. 만약 이 법에 집착하지 아니하고자 한다면 마땅히 반야바라밀을 닦아야 하느니라.

문수사리여, 만약 비구·비구니·우바새·우바이가 만약 반야바라밀의 한 4구게(句偈)를 받아 지니고 남을 위하여 설하면 나는 이 사람은 떨어지지 아니하는 법을 얻었다고 말하리라. 하물며 여실히 수행함이겠느냐. 마땅히 알라, 그 선남자·선여인은 부처님의 경계에 머물렀느니라.

문수사리여, 만약 선남자·선여인이 이 심히 깊은 반야바라밀을 듣고 두려움이 생기지 아니하면 마땅히 알라, 이 사람은 부처님의 법인(法印)을 받은 것이며, 이 법인이란 부처님이 지으신 바이며, 이는 부처님의 귀하게 여기는 바이니라.

무슨 까닭이냐, 이 법인을 가지고 집착 없는 법을 인증[印]하신 까닭이니라.

만약 선남자 · 선여인이 이 인(印)을 인증[印]한 바를 위하면 마땅히 알라, 이 사람은 보살승(菩薩乘)을 따라 물러나지 아니하고 떨어지지 아니함을 결정하였으며 성문이나 벽지불의 경지[地]를 따르지 아니할 것이니라."

그때 석제환인(釋提桓因) 및 모든 천자가 삼십삼천을 따라 가루 전단향과 금가루를 비같이 내리었고, 또 울파라꽃[鬱波羅華] 및 발두마꽃[鉢頭摩華] · 구물타꽃[拘物陀華] · 분타리꽃[分陀利華] 및 만다라꽃[曼陀羅華]을 흩어서 반야바라밀에 공양하였으며, 공양을 마치고는 이와 같이 말하였다.

"저희들은 이미 위없고 집착 없는 가장 제일의 법을 공양하였습니다. 원컨대 저희들은 오는 세상에 다시 이 깊은 반야바라밀을 듣고 만약 사람이 이 반야바라밀이 인증한[印] 바 인(印)을 위하면, 원컨대 그들도 여래세에 다시 받아듣고 구경에는 일체지[薩婆若智]를 얻게 되기를 원하나이다.”

　그때 석제환인이 부처님께 아뢰었다.
　“세존이시여, 만약 선남자·선여인이 이 반야바라밀
의 한 경을 들을 것이니, 저는 불법을 증장하기 위한
까닭으로 그 사람을 수호하여 얼굴이 백 유순(由旬)의
사람 아닌 이가 마음대로 하지 못하게 할 것입니다.
　이 선남자 선여인이 구경에는 마땅히 아뇩다라삼먁
삼보리를 얻을 것이며 저는 마땅히 나날이 그곳에 가
서 공양을 베풀 것입니다.”
　그때 부처님께서 석제환인에게 말씀하셨다.
　“그러하도다, 그러하도다. 교시가(憍尸迦)여, 마땅히
알라, 그 선남자·선여인은 불법을 구족하고 반드시 아
뇩다라삼먁삼보리에 이를 것이니라.”

　그때 문수사리가 부처님께 아뢰었다.
　“오직 원하옵건대 세존이시여, 위신력으로 이 반야바
라밀을 가지시고 오래 세상에 머물러 주옵소서. 모든
중생을 이익 되게 하고자 하는 까닭입니다.”
　문수사리가 이런 말을 할 때 부처님의 신통력으로
대지가 여섯 가지로 진동하였다.
　그때 세존께서 곧 미소를 지으시며 큰 광명을 놓아

두루 삼천대천세계(三千大千世界)를 비추시며 위신력으로 이 반야바라밀을 가지시고 오래 세상에 머물게 하셨다.

　그때 문수사리가 다시 부처님께 아뢰었다.
　"세존이시여, 이 광명을 놓으심, 이것이 반야바라밀을 가지는 모습입니까?"
　부처님께서 문수사리에게 말씀하셨다.
　"그러하도다. 마땅히 그러하도다, 문수사리여, 내가 이 광명을 놓는 것, 이것이 반야바라밀을 가지는 모습이니라. 문수사리여, 너는 지금 마땅히 알라, 나를 알고 나서 이 반야바라밀을 가지고 오래 세상에 머물 것이니라.
　만약 어떤 사람이 이 법을 가벼이 헐뜯지 아니하고 그 결점을 말하지 아니하면 마땅히 알라, 이 사람은 이미 이 깊은 반야바라밀이 인증한 법인[印]을 위함이니라. 그러므로 문수사리여, 나는 아주 먼 옛날부터 이 법인[印]에 안주하였느니라. 만약 사람이 이미 이 법인을 인증하면 마땅히 알라. 이 사람은 마왕이 마음대로 하지 못할 것이니라."
　부처님께서 제석에게 말씀하셨다.
　"너는 마땅히 이 경을 받아가져 읽고 외워서 널리

유포하여 미래세에 모든 선남자 선여인이 이 법인을 얻게 할 것이니라.”

다시 아난에게 말씀하셨다.

“너도 또한 받아 가지고 읽고 외워서 널리 사람들을 위하여 설할 것이니라.”

이때 하늘의 제석과 장로 아난이 부처님께 아뢰었다.

“세존이시여, 마땅히 이 경을 무엇이라 이름하며, 우리들은 어떻게 받들어 가져야 합니까?”

부처님께서 말씀하셨다.

“이 경은 문수사리가 설한 것이라고 이름하고, 또 반야바라밀이라고 이름하라.

이와 같이 받아 가지면 선남자·선여인이 항하의 모래알만큼 많은 겁에 값을 매길 수 없는 보배 구슬로 항하의 모래알만큼 많은 중생에게 보시함이며, 중생이 받고 나서 다 도심(道心)을 발한 것과 같으니라.

이때 시주(施主)가 그 마땅함을 따라 보이고 가르치고 이롭게 하고 기뻐하게 하여 수다원과(須陀洹果)를 얻고 아라한과(阿羅漢果)를 얻게 하면 이 사람의 얻을 바 공덕은 얼마나 많겠느냐?”

아난이 부처님께 아뢰었다.

"심히 많습니다. 세존이시여."

부처님께서 말씀하셨다.

"선남자여, 만약 어떤 사람이 한 마음을 일으켜 이 반야바라밀경을 믿고 비방하지 아니하는 자는 앞의 공덕보다 백 배, 천 배, 백천만억 배가 될 것이며, 나아가 산수로 비유하여 능히 알 수가 없는데, 하물며 구족히 받아 지니고 읽고 외우고 남을 위하여 해설하는 자는 어떠하겠느냐. 이 사람의 얻을 바 공덕을 헤아릴 수도 없고, 끝도 없으며, 모든 부처님 여래도 능히 다 설하지 못하느니라. 무슨 까닭인가. 능히 모든 부처님의 일체지[薩婆若]를 낳기[生] 때문이니라. 만약 허공이 다함이 있다면 이 경의 공덕이 다할 것이며, 만약 법성이 다함이 있다면 곧 이 경의 공덕이 다할 것이니라.

그러므로 문수사리여, 선남자·선여인은 마땅히 부지런히 수행하고 정진하여 이 경을 수호할 것이니라.

이 경은 능히 생사와 일체 두려움을 없애고 능히 천마(天魔)가 세운 훌륭한 기[幢]를 꺾을 것이며, 능히 장차 보살을 열반과(果)에 이르게 할 것이며, 보이고 가르치고 인도하여 2승(乘)을 여의게 할 것이니라."

그때 제석·장로·아라한들이 함께 부처님께 아뢰었다.

"세존이시여, 그러합니다. 그러합니다. 진실로 부처님의 말씀과 같습니다. 저희들은 마땅히 받아가져 머리에 이고 널리 유포할 것입니다. 오직 원컨대 여래께서는 염려하지 마옵소서."

이와 같이 세 번 말하였다.

"원컨대 여래께서는 염려하지 마십시오. 우리들은 마땅히 받아가지고 머리에 받들겠습니다."

여러 가지 수행하는 문이 있지마는 염불보다 나을 것이 없으며,
삼보에게 공양하고 복과 지혜를 닦으라.
이 두 문이 가장 긴요하나니라. 왜냐하면 나는 지나간 겁에
부처님을 관하고 부처님을 염하고 부처님께 공양한 인연으로
지금 일체종지一切種智를 얻었노라. 그러므로 모든 법과
반야바라밀다와 깊은 선정과 내지 여러 부처님이 모두 염불로부터
낳느니라. 염불하는 것이 여러 가지 법중에 왕이니라.
너는 마땅히 위 없는 법의 왕을 항상 염하고 쉬지 말라.
– 〈문수성행록〉에서 문수보살이 법조대사에게

文 殊 菩 薩 佛 刹 功 德 莊 嚴 經
문수보살불찰공덕장엄경

당(唐)나라 불공(不空) 한역
자운율사 번역

이와 같이 내가 들었다.

사자용맹뇌음보살이 부처님께 사뢰었다.

"세존이시여, 지금 문수사리는 자기가 위없는 보리에 대해 발심한 때가 언제라고 말하려 하지 않습니다. 그러나 대중들은 모두가 듣고자 하나이다."

부처님께서 말씀하셨다.

"선남자여 문수사리는 매우 깊은 법인(法認)을 깨달았다. 그러나 매우 깊은 법인이란 얻을 수 없느니라. 보리도 얻을 수 없고 마음도 얻을 수 없나니 마음을 얻을 수 없으므로 발심한 때가 언제라고 말하지 않느니라.

선남자여, 너는 자세히 들으라. 내가 이제 말하리라. 문수사리동진보살은 오랜 옛적에 위없는 보리심을 발

하였느니라. 오랜 옛적에 7십만 아승지 백천 항하사
겁 전에 부처님이 계시었으니, 이름이 '뇌음(雷音)여래
응공 정변지 명행족 선서 세간해 무상사 조어장부 천
인사 불 세존'이시었다. 동방으로 72 나유타 세계를
지나서 세계가 있으니 이름이 무생(無生)이다. 저 뇌음
여래께서 그 세계에서 법을 말씀하실 때 성문 대중은
84구지 나유타요, 보살대중은 그보다 두 곱이나 되었
느니라.

　선남자여, 그때에 한 임금이 있었으니 이름이 허공
虛空)이다. 일곱 가지 보배가 구족하여 4천하의 왕이
되고 바른 법으로 교화하여 법륜왕(法輪王)이 되었느니
라. 저 허공왕이 뇌음여래의 회중에 있으면서 8만4천
년 동안 갖가지 좋은 도구와 의복·음식·궁전·대관
(臺觀)과 동복(僮僕)을 이바지하였는데 낱낱이 훌륭하고
아름다웠으며 그렇게 뇌음여래와 보살과 성문 대중에
게 공경하고 공양하며 받들어 섬기었고, 왕의 친족·중
궁(中宮)·채녀(綵女)와 왕자·대신들도 오로지 공양하
는 일만을 하고 다른 일은 하지 않았지만 조금도 게으
르지 아니하였다.

　그렇게 하기를 8만4천 년을 지낸 뒤에 왕은 혼자서
생각하기를 '내가 한량없는 선근을 쌓았으니 이제 이
선근을 회향하여 무엇을 구할까. 제석천왕이 될까, 범

천왕이 될까, 전륜성왕이 될까, 성문을 구할까, 연각을 구할까?' 하였다.

　선남자여, 저 허공왕이 이런 생각을 하고 있을 때, 공중에서 하늘사람들이 이렇게 말하였다. '대왕이여, 그런 생각을 하지 마시오. 그렇게 용렬한 마음을 내지 마시오. 왜냐하면 대왕의 쌓아 모은 복덕이 엄청나게 많으니 대왕은 마땅히 위없는 보리심을 내십시오'라고 하였다.

　선남자여 허공왕은 이 말을 듣고 환희하여 이렇게 생각하였다. '나는 이제 여기에서 결코 물러나지 아니하리라. 하늘들이 내 마음을 알고 나에게 알려주는 것이 아닌가.'

　선남자여, 그때 허공왕은 80구지 나유타 백천 중생들과 함께 뇌음여래가 계신 곳에 나아가 발에 예배하고 오른쪽으로 일곱 번 돌고, 물러나 한 곳에 앉아서 뇌음여래를 향하여 합장하고 게송으로 여쭈었다.

　가장 훌륭한 법을 묻겠사오니
　바라건대 세존께서 말씀하소서
　어찌하면 가장 훌륭하고
　가장 높은 대장부 되오리까

제가 세존을 대하여
많은 공양을 하였사오나
마음이 의지할 곳 없사와
회향할 생각을 하지 않았나이다

홀로 있으면서 생각하되
한 가지 일에만 이 마음 두고
크고 넓은 복 지었으니
어떻게 회향해야 하겠습니까

제석천왕·범천왕이 될까
전륜성왕이 될까
성문승을 구할까
연각승을 구할까

이런 생각을 하고 있을 때
여러 하늘들 제게 이르기를
'그렇게 용렬한 마음을 내면
그 복이 손상됩니다

대왕이여, 훌륭한 서원을 내어
모든 중생을 이롭게 하며

세상을 제도하기 위하여
보리 얻을 마음을 내십시오'라고
두루 깨달으시고
법에 자재한 이에게 묻사오니
어찌 하면 이 마음 내어
등정각(等正覺)을 이루오리까

어떻게 해야 이 자리를 얻사올지
저에게 보여 주소서
마땅히 보리심을 내어
석가모니와 같이 되도록 하소서

허공의 말 들었사옵기
부처님께 여쭈옵니다
'대왕은 이렇게 아시오
내 이제 차례로 말하리라

모든 법은 인연으로 생기는 것
해 보려는 마음이 근본 되나니
저와 같이 원을 세우면
결과도 그러하리라

나도 지나간 옛적에
이러한 마음을 내어
중생을 이롭게 하려고
훌륭한 서원을 세웠노라

저 훌륭한 서원으로 인하여
훌륭한 결과를 얻어
큰 보리를 증득하여
훌륭한 서원을 이루었노라

대왕도 용맹한 서원으로
이러한 마음을 내고
이러한 좋은 행 닦으면
그대도 정각을 이루리.'

부처님께 이 말씀 듣고
그 임금 매우 기뻐서
사자후를 크게 지으니
온 세상이 모두 진동했네

생겨난 처음으로부터
생사가 다할 때까지

중생을 이롭게 하려고
그지없는 수행을 하였네

여러 대중 앞에서
보리심 발하기를
'모든 중생을 제도하여
괴로움을 여의게 하리라

바라건대 이제부터
내가 만일에 더러운 마음과
성내거나 질투하는 생각과
교만하고 탐욕이 있다면

그것은 시방세계의 부처님과
현재에 계시는 여래를 속임이니
이제부터 이 다음
보리를 증득할 때까지

맹세코 청정한 계행을 닦아
간탐과 욕심 많은 죄를 버리고
부처님 따라다니며 공부하여
계율 지키고 화합하고 참으리라

조급한 마음으로
정각을 빨리 구하지 않고
오는 세상이 끝나도록
모든 중생들에게

한량없고 생각할 수 없는
부처님 세계를 청정케 하며
저들의 이름을 드날려
시방세계에 들리게 하리

내 이제 스스로 수기(授記)하여
성불할 일 의심치 않으며
부처님 앞에서 서원하노니
뜻으로 짓는 업 깨끗이 하고

몸으로 짓는 업이나
말로 짓는 업까지
모두 깨끗이 하고
착하지 못한 일 하지 않으리

나는 이 진실한 행으로
부처 이루어 세상을 이롭게 하리니

이것은 참으로 진실한 말씀
이 땅이 여섯 가지로 진동하리

이 말이 거짓이라면
사대(四大)가 뒤바뀌련만
진실한 말인 까닭에
아름다운 음악이 들려

공중에서 저절로 울리니
나에겐 거짓이 없는 까닭
모든 번뇌는 없나니
내 말이 진실한 까닭

하늘의 묘한 꽃비 내리심은
거짓말을 하지 않는 까닭이네'

참으로 깨우쳐줌으로
시방세계 한량없이 많은
구지 세계가 진동하오면
잠깐 동안에 허공 중에서
구지 풍류가 울려 퍼지고
아름다운 만다라꽃을 내려서

　　높이 쌓이기 일곱 수미산
　　20구지의 사람들이
　　저 임금을 따라 배우며
　　미묘한 소리를 내네
　　우리도 부처를 이루어
　　저 20구지 사람들같이
　　모든 사람들 모두 그러해
　　저 임금 배워 부처 되오리.

　　선남자여 그때의 허공왕을 다른 이라고 여기지 말라. 지금의 문수사리동진보살이니라. 동진보살이 그때에 허공왕이 되어 70만 아승지 백천 항하사 겁을 지나 처음으로 보리심을 내었고, 또 60항하사 겁을 지나서는 무생법인을 얻었으며 그 뒤에 십지를 만족하고 십력을 구족하며 모든 여래의 지위에 있어서도 만족하며 모든 부처님법에 있어서도 만족하였다. 그러나 한 순간이라도 내가 위없는 정등보리(正等菩提)를 증득하였다는 마음을 일으키지 않았느리라.

　　또 선남자여, 그때의 20구지 사람들은 저 왕과 함께 뇌음여래에게서 보리심을 발하였는데 그들은 다 이미 위없는 보리를 증득하고, 불퇴전 법륜을 굴리어 아승지 중생을 위하여 불사를 지었으며, 불사를 다 짓고는 부처님의 열반으로 열반에 들었다. 그러한 그들은 모두가 문수사리의 권고로 발심하였으며, 보시·지계·인욕·정진·선정·지혜를 차례로 받들어 섬겼으며, 그 부처님들의 교법을 다 호지하였느니라.'

이 문수사리의 지나간 일을 말할 때 대중 가운데서 7천 중생들이 위없고 바르고 평등한 대보리심(大菩提心)을 발하였다.

그때 사자용맹뇌음보살이 부처님께 사뢰었다.

"세존이시여, 장하십니다. 원컨대 문수사리동진보살이 얻은 부처님 세계를 말씀해 주옵소서'

부처님께서 말씀하셨다.

"선남자여, 네가 스스로 문수사리동진보살에게 물으라."

이때에 사자용맹뇌음보살마하살이 문수사리에게 사뢰었다.

"어떤 것이 당신의 세계의 장엄입니까?"

"선남자여, 만일 당신이 보리를 좋아한다면 당신은 마땅히 물을 것입니다."

사자용맹이 말하였다.

"당신은 보리를 좋아하지 아니합니까?"

문수사리가 말하였다.

"아닙니다, 선남자여. 만일 좋아해서 구함이 있으면 싫어함도 있을 것입니다. 싫어함이 있으면 탐(貪)하고 사랑함이 있을 것이며, 탐하고 사랑함이 있으면 벗어남이 없을 것입니다. 그러므로 나는 좋아함도 없고 싫어함도 없습니다.

또 선남자여, 당신이 말하기를 어떻게 세계의 장엄을 성취하는가 하지마는, 나는 스스로 칭찬할 수가 없습니다. 왜냐하면, 여래의 일체지(一切智) 앞에서 자기 불찰(佛刹)의 공덕장엄을 말하면 곧 보살이 자기의 공덕을 칭찬함이 될 것이기 때문입니다."

부처님께서 문수사리에게 말씀하셨다.

"그대는 마땅히 자기가 원하는 불찰의 공덕장엄을 말하라. 모든 보살이 그대에게 들으면 반드시 이 원을 성취하게 될 것이다."

문수사리가 말하였다.

"저는 감히 여래의 분부를 어길 수 없기에 부처님의 위신력을 받들어 이제 말하겠나이다."

이때에 문수사리동진보살이 자리에서 일어나 오른 어깨를 드러내고 오른 무릎을 땅에 대고 부처님께 예배하고 사뢰었다.

"세존이시여, 제가 이제 말하겠나이다. 만일 보리를

구하는 선남자·선녀인이 있거든 마땅히 자세히 들을
것이며 들었거든 진실한 행을 만족케 하소서.”

　문수사리가 오른 무릎을 땅에 댈 잠깐 동안에 시방
세계에 있는 항하사 부처님의 세계가 여섯 가지로 진
동하였다.

　문수사리가 부처님께 사뢰었다.

　“저는 이렇게 발원하나이다. ‘만일 한량없는 구지 나
유타 백천 겁 동안에 보리를 쌓지 않고는 마침내 위없
는 정각을 증득하지 않겠나이다’라고. 세존이시여 저는
막힘이 없는 천안통으로 시방의 한량없고 그지없는 세
계에 계시는 무량한 부처님 세존을 뵈옵습니다. 만일
제가 권하여 위없는 보리의 마음을 내어 보리행을 닦
게 한 것이 아니면 보시·지계·인욕·정진·선정·지
혜를 배우기를 권하여 그로 하여금 여섯 가지 바라밀
다를 성취케 하겠나이다. 저는 그렇게 권하고서 가르치
고 경계하여 위없는 정각을 만족케 하겠나이다. 세존이
시여, 저는 막힘이 없는 천안통으로 시방세계를 관찰하
여 불사를 지은 뒤에야 비로소 위없는 보리를 증득하
겠나이다.”

　이때 대중 가운데서 어떤 보살이 이렇게 생각하였
다. ‘문수사리동진보살이 어떻게 저토록 많은 부처님
세존을 볼 수 있을까?’라고.

이때, 여래께서는 여러 보살의 이같은 생각을 아시고 사자용맹뇌음보살에게 말씀하셨다.

"선남자여, 비유컨대 어떤 사람이 이 삼천대천세계를 부수어 가는 티끌을 만든다면 어떻겠는가? 계산 잘하는 사람이나 그 제자들이 저 티끌의 수효가 백인지 천인지 구지 나유타인지를 헤아려 알 수 있겠느냐?"

"그럴 수 없나이다."

부처님께서 말씀하셨다.

"선남자여, 이 문수사리동진보살은 막힘이 없는 천안통으로 시방세계를 살펴보고 낱낱 세계에서 이같이 한량없고 헤아릴 수 없는 부처님 세존을 보느니라."

이때 문수사리가 또 부처님께 사뢰었다.

"세존이시여, 저는 또 이러한 소원이 있나이다. 항하사 같이 광대한 세계를 합하여 한 세계를 만들고, 그 세계에 높고 큰 장벽을 쌓아 색구경천(色究竟天)에 까지 이르게 하여 거기에 한량없는 백천 가지 보배로 장엄하겠사오며, 또 한량없이 묘한 보배로 사이사이를 꾸미어 장식하겠나이다. 만일 그렇게 되지 못한다면 저는 끝까지 위없는 보리를 증득하지 않겠나이다.

세존이시여, 저는 또 이러한 소원이 있나이다. 저의 세계에 있는 보리수는 그 크기가 1만 대천 세계와 같고, 그 보리수의 광명이 모든 부처님 세계를 두루 비출 것을 소원하나이다.

세존이시여, 저는 또 소원이 있나이다. 보리수 아래 앉아 그날 밤중에 삼먁삼보리를 이루고, 내지 반열반 (般涅槃)할 때까지 그동안 자리에서 일어나지 않고 다만 화신(化身)이 시방의 한량없고 수없는 구지 나유타 부처님 세계에 흩어져서, 모든 중생들에게 법을 연설할 것을 소원하나이다.

세존이시여, 저는 또 소원이 있나이다. 저의 세계에는 성문이나 연각의 이름도 없고 오직 청정한 대보살만이 있어 모든 허물과 모든 번뇌를 여의고 청정한 범행을 하는 이만이 그 세계에 가득하오며, 그 세계에는 여인이란 이름조차 없고, 모든 보살은 모두 화생(化生)하는 이뿐이며 다 가사를 입고 결가부좌한 보살만이 그 세계에 가득하오며, 오직 여래께서 변화한 이가 시방으로 다니면서 중생들의 뜻을 따라 3승법(乘法)을 말하게 할 것을 소원합니다.”

이때에 사자용맹뇌음보살이 부처님께 여쭈었다.

“세존이시여, 문수사리가 오는 세상에 부처를 이루면 명호를 무엇이라 하겠나이까?”

부처님께서 말씀하셨다.

“선남자여, 이 문수사리가 성불할 때의 이름은 보견

(普見)이니라. 무슨 인연으로 저 여래를 보견이라 하는
가. 보견여래는 시방의 한량없는 아승지 구지 나유타
백천 세계의 모든 이로 하여금 보게 하므로 보견이라
하느니라. 저 중생들 가운데 그 부처님을 보는 이는
반드시 위없는 보리를 얻게 되느니라. 보견여래가 아직
성불하지 아니 하였더라도 내가 있는 지금이나 열반한
뒤에 그 이름만 들어도 반드시 아뇩다라삼먁삼보리를
얻으리라. 그러나 결정된 성문의 자리에 들어간 이와
용렬한 소견을 가진 이는 제외할 것이니라."

또 문수사리가 부처님께 사뢰었다.
"세존이시여, 저는 또 소원이 있나이다. 아미타불 세
계에서 법희(法喜)로써 음식을 삼듯이 저의 세계에서도
보살이 처음 나서 먹을 생각을 낼 때는 문득 백 가지
음식이 바리때에 가득하여 오른손에 들리고, 그때 보살
이 '만일 시방의 여러 부처님께 공양하지 못하거나 빈
궁하고 괴로운 중생에게 베풀지 못하거나, 아귀(餓鬼)
로서 천년이 지나도록 코 묻은 밥 한 그릇도 먹어보지
못한 이에게 베풀어서 배부르게 하지 않고서는 저는
결코 먹지 않겠으며, 잠깐 동안에 다섯 가지 신통을
얻고 큰 위엄과 공덕으로, 허공을 거침없이 다니되 마
치 바람이 걸리는데 없는 듯하여 즉시에 시방의 한량

없고 수없는 세계에 가서 음식으로써 여러 부처님 세
존과 성문 대중에게 공양하며, 또 빈궁하고 고통 받는
중생과 아귀들에게 베풀어서 그들로 하여금 배부르게
먹고 기갈을 면하게 하고는 곧 그들에게 법을 설하고
설법이 끝나면 잠깐 동안에 본래 있던 세계로 돌아오
리라'고 생각하기를 소원하나이다.

　세존이시여 저는 또 소원이 있나이다. 저의 세계에
보리를 얻은 보살이 처음 날 때 보살이 의복을 입고자
하는 생각이 나면 곧 청정한 사문에게 알맞은 옷이 손
안에서 생기고, 옷이 생긴 뒤에는 또 생각하기를 '만일
이 훌륭한 옷으로 먼저 시방세계의 부처님께 공양하지
않고는 내가 스스로 수용하는 것이 마땅치 못하다' 하
고, 곧 무수한 세계에 가서 이 훌륭한 옷을 여러 부처
님께 받들어 공양하고 본래 처소에 돌아와서야 스스로
입도록 소원합니다.

　세존이시여, 저의 세계에 있는 보살들이 수용하는
도구들도 다 먼저 부처님 세존과 성문 대중에게 받들
어 공양하고 그런 뒤에 스스로 수용하게 하려 하나이
다. 또 저의 세계에는 팔난과 착하지 않은 소리를 멀
리 여의어지이다. 원컨대 저의 세계에는 모든 괴로움을
멀리 여의고 청정한 계율을 범하는 일이 없으며, 빛깔
·소리·냄새·맛·감촉 등, 그 중의 하나도 뜻에 맞지

않는 일이 없어지이다 라고 소원 하옵니다."

이때 사자용맹뇌음보살이 부처님께 여쭈었다.

"세존이시여, 저 세계의 이름은 무엇이오며, 보견여래께서 성불하여 나타나시는 곳은 어디이옵니까?"

부처님께서 말씀하셨다.

"선남자여, 저 부처님 세계는 여원원만적집이진청정(如願圓滿積集離塵淸淨: 모든 소원이 원만하게 이루어져 쌓이고 번뇌를 떠난 청정한 세계)이라 하며 그 부처님의 국토는 이 남쪽에 있으며, 사바세계도 거기 있느니라."

또 문수사리동진보살이 부처님께 사뢰었다.

"저는 또 원이 있나이다. 저의 세계에는 한량이 없는 백천 가지 여러 보배와 한량없는 마니보배가 쌓여서 빛나고, 거기 있는 큰 보배는 시방세계에서 얻기도 어렵고 보기도 어려우며, 거기 쌓여 있는 마니보배의 이름들은 백천 구지 년을 두고서도 다 말할 수 없기를 소원하나이다.

세존이시여, 저 세계에 있는 보살 중에 저 세계를 금으로 보려는 이가 있으면 금으로 나타나고 은으로 보려는 이에게는 은으로 나타나거니와 그렇다고 해서 금으로 보는 것이 감하지도 않으며, 폐유리(吠琉璃)로 보려는 이, 파리(玻璃)로 보려는 이, 적진주·마노·자거 따위의 여러 보배로 보려는 이에게는 각각 그대로 나타나며 또 침향(沈香)·영릉향(零陵香)·다마라발향·용견향(龍堅香)·전단향으로 보려는 이에게는 그들이 보려는 대로 보이게 되기를 소원하며 그 세계의 보배들이 변하는 것도 아니기를 소원하나이다.

또 저 세계에서는 해나 달이나 별이나 마니보배나 불로 비치는 일이 없고, 보리수에서 저절로 빛이 나서 밝게 되며, 저 보살들이 원하는 대로 저 구지 나유타 백천 세계를 비치되 이런 광경으로 비치고, 밤과 낮이 없고, 연꽃이 피고 오무리는 것으로 밤낮을 구별하며 저 보살들이 원하는 시절대로 나타나면서도 춥고 더운 때가 없고 늙고 병들고 죽는 일도 없기를 소원하나이다.

만일 그 보살들이 마음대로 보리를 증득하려고 원하면 곧 다른 세계의 도솔천에 가서 수명이 다하여 강생해서 정각을 이루며, 저 세계의 공중에서 구지 나유타 백천 가지 풍류를 항상 즐기되 형상은 보이지 않으면서 소리만 들리며, 저 풍류에는 탐욕과 같은 소리는 없고 오직 바라밀다 소리·부처님 소리·법문의 소리·스님들 소리·보살들의 가르침 소리가 나서 모두 들

게 되며, 저 세계의 보살들이 부처님을 사모하여 어디
서나 거닐고 앉고 서기만 하면 곧 보견여래응공 · 정변
지께서 보리수 아래 앉으신 것을 뵈옵게 되고 보살들
이 법에 대하여 의심이 있으면 그 부처님이 풀이하여
말씀하지 아니하여도 저절로 의심이 없어지고 이치를
알게 되기를 소원하나이다.”

　이때 회중에 있던 한량없는 구지 나유타 백천 보살
들이 이구동성으로 이렇게 말하였다.

　“이제 이 세존의 이름과 뜻이 서로 맞았으니, 이른
바 보견여래라는 이름이다. 이 이름을 듣는 이는 통쾌
하게 훌륭한 이익을 얻을 것인데, 하물며 저 부처님의
세계에 태어나서 이러한 수기와 법문을 들은 이나 문
수사리동진보살의 이름을 들은 이에 있어서랴. 귀를 거
치기만 해도 저들 부처님을 뵈었다고 할 것이다.”

　이렇게 말하니, 그때 세존께서 여러 보살에게 말씀
하시었다.

　“그렇다, 너의 말과 같으니라. 선남자여 어떤 이가
구지 나유타 백천 여래의 명호를 받아 지니고 또 다른
이가 문수사리동진보살의 이름을 일컬으면 이 복이 저
사람보다 많을 것이다. 하물며 보견부처님의 이름을 일
컫는 사람이겠느냐. 왜냐하면 저 구지 나유타 백천 여
래가 중생을 이롭게 하는 것이 문수사리가 한 겁 동안

지은 이익에 미치지 못하기 때문이니라."

이때에 구지 나유타 백천의 하늘·용·야차·건달바
·아수라·가루라·긴나라·마후라가·사람·사람 아닌
이들이 같은 목소리로 말하였다.

"나무 문수사리동진보살 나무 보견여래·응공·정변
지."

많은 하늘과 용들이 이렇게 말하니 80구지 나유타 백
천 중생은 아뇩다라삼먁삼보리심을 발하고 한량없는
중생은 선근이 성숙하여 위없는 보리에서 물러나지 아
니하였다.

문수사리가 다시 부처님께 사뢰었다.

"세존이시여, 저에게 또 소원이 있나이다. 제가 보는
시방의 한량이 없고 수없는 구지 나유타 백천 부처님
세존들과 같이, 그 부처님의 소유하신 불찰공덕장엄(佛
刹功德莊嚴)의 행상(行相)들을 모두 저의 한 세계에 있
게 하기를 원하옵는데, 오직 성문들을 위하여 화현한
세계의 장엄과 다섯 가지가 흐린 세계는 제외하옵니다.
만일 제가 불찰공덕장엄을 칭찬한다면 저렇게 많은 항
하사겁(恒河沙劫)을 말하여도 다할 수 없나이다. 세존이
시여, 저의 원하는 것은 오로지 부처님 세존·응공·정
변지를 제하고는 다른 이가 알지 못하나이다."

부처님께서 말씀하시었다.

"그러하니라, 문수사리여. 여래의 지견(知見)은 과거·현재·미래에 제한하거나 걸림이 없느니라."

이때에 대중 가운데 있는 어느 보살이 이렇게 생각하였다.

'문수사리가 말씀한 불찰공덕장엄은 아미타 여래의 세계와 같은가, 다른가?'

세존께서는 그 보살이 생각하는 것을 아시고, 사자용맹뇌음보살에게 말씀하시었다.

"선남자여 가령 어떤 장부가 털 한 오라기를 쪼개어 백분으로 나누고, 그 일분의 털로써 큰 바닷물을 한 방울 찍어낸다면, 그 한 방울 물이 많겠느냐 큰 바다 물이 많겠느냐?"

사자용맹보살이 부처님께 사뢰었다.

"세존이시여, 털로 찍어낸 한 방울 물보다는 큰 바닷물이 많습니다."

부처님께서 말씀하시었다.

"선남자여, 저 사람이 찍어낸 한 방울 물은 아미타불의 불찰공덕장엄과 같고, 큰 바다 물은 보견여래의 불찰공덕장엄과 같나니, 그렇게 보아야 하느니라."

이때 사자용맹뇌음보살마하살이 부처님께 여쭈었다.

"세존이시여, 저 보견여래께서는 얼마나 많은 보살 대중으로 권속을 삼았으며, 수명은 얼마나 오래이며, 이제부터 얼마 뒤에 문수사리가 보리를 이루겠나이까?"

부처님께서 말씀하시었다.

"선남자여, 그 이치는 문수사리동진보살에게 물으라."

그때 사자용맹 뇌음보살 마하살이 문수사리동진보살에게 물었다.

"당신은 이제부터 얼마 뒤에 보리를 증득하겠습니까?"

문수사리가 말하였다.

"선남자여, 만일 허공이 물질이 된다면 나도 위없는 보리를 증득할 것입니다. 만일 환술하는 이가 환술로써 만든 사람이 보리를 증득한다면 나도 위없는 보리를 증득할 것입니다. 만일 번뇌가 없어진 아라한이 보리를 증득한다면 나도 위없는 보리를 증득할 것입니다. 만일 꿈속 사람이거나 그림자거나 메아리거나 이렇게 변화한 이가 보리를 증득한다면 나도 보리를 증득할 것입니다. 만일 햇빛 비치는 밤이 되고 달빛 비치는 낮이 된다면 나도 위없는 보리를 증득할 것입니다. 선남자여, 당신은 보리를 구하려는 이에게 물으시오.”

사자용맹이 말하였다.

“문수사리보살은 어찌하여 보리를 구하지 아니합니까?”

문사사리가 대답하였다.

“선남자여, 나는 보리를 구하지 아니합니다. 그 까닭을 말하면, 문수사리가 곧 보리요 보리가 곧 문수사리이기 때문입니다. 왜냐하면, 다만 이름이 있을 뿐, 이름도 공하기 때문입니다. 문수사리와 보리는 이름까지도 멀리 여의어서 아무 것도 없는 공이니, 공이란 것이 곧 보리입니다.”

이때 부처님께서 사자용맹뇌음보살에게 말씀하시었다.

“그대는 아미타여래의 성문과 보살 대중의 모임을 보고 들었는가?”

“그러하옵니다, 세존이시여. 저는 보고 들었나이다.”

“선남자여 어떻든가?”

“산수(算數)나 생각으로는 미칠 수가 없습니다.”

부처님께서 말씀하시었다.

“선남자여, 마갈타국만한 창고에 가득한 참깨가 있는데, 그 한 알로써 아미타불의 성문·보살 대중의 모임에 비유하고, 그 나머지 참깨로는 문수사리동진보살이 보리를 얻었을 때 보살 대중의 모임에 비유하리니 마땅히 그렇게 알아라.

선남자여, 만일 삼천대천세계를 부수어 티끌을 만들어 한 티끌로 한 겁을 센다 하여도 보견여래의 목숨의 겁수에 비긴다면 백분의 일도, 천분의 일도, 백천 구지분의 일에도 미치지 못하며, 산수와 비유로도 미칠 수 없느니라. 산수로 계교하고 요량하면 보견여래의 목숨이 한량없고 그지없음을 짐작할 수 있느니라.

선남자여, 비유하면 삼천대천세계를 부수어 티끌을 만들었다고 하자. 어떤 사람이 거기서 한 티끌 내지는 많은 티끌을 가지고 삼천대천세계를 지날 때마다 한 티끌씩을 내려뜨리는데, 그 사람이 이렇게 동방으로 가면서 모든 티끌을 죄다 내려뜨렸다 하자. 이와 같이 시방에서 낱낱 사람들이 앞 사람처럼 그 티끌을 모두 내려뜨렸다면 어떻겠는가. 저 많은 삼천대천세계를 백이나 천이나 구지 나유타 백천으로 그 수를 셀 수 있겠는가?"

"할 수 없나이다. 세존이시여."

"선남자여, 이렇게 열 사람이 각각 삼천대천세계를 지나 또 티끌을 내려뜨렸다 하자. 그 모든 세계에서 티끌을 내려뜨린 세계와 내려뜨리지 아니한 세계들을 모두 부수어 티끌을 만들었다면 어떻겠는가. 능히 산수로써 백이라든가 구지 나유타 백천이라고 계산할 수 있겠는가?"

"못하겠나이다, 세존이시여."

부처님께서 말씀하시었다.

"선남자여 시방에서 각각 열 사람이 다시 삼천대천세계를 지날 때마다 한 티끌씩 내려뜨리고 그 티끌을 내려뜨렸거나 내려뜨리지 아니한 곳들을 또 부수어 티끌을 만들었다면 어떻겠는가. 저러한 티끌을 백이라 천이라 구지 나유타 백천이라고 능히 계산할 수 있겠는가?"

"세존이시여, 만일 어떤 사람이 이 산수를 들으면 마음이 아득하여 그 수효를 알지 못할 것입니다."

부처님께서 말씀하시었다.

"선남자여, 여래는 저 티끌이 백인지, 천인지, 구지 나유타 백천인지를 낱낱이 아느니라. 그리고 여래가 아는 것은 그 수량보다 훨씬 지나가느니라."

이때에 미륵보살 마하살이 부처님께 여쭈었다.

"세존이시여, 만일 보살이 이렇게 색(色)을 분명히 아는 무진지(無盡智)를 구한다면 차라리 한량없는 겁 동안에 지옥의 괴로움을 받으리이다. 이 보살은 이러한 색을 아는 큰 지혜를 끝내 버리지 아니하겠나이까?”

부처님께서 미륵보살에게 말씀하시었다.

“그러하니라, 그대의 말과 같으니라. 여래의 무진대지(無盡大智)에 희망을 걸지 않는 이가 있겠는가. 다만 알음알이가 용렬한 이와 게으른 이는 제외할 것이니라.”

이 여래의 큰 지혜를 말할 때 일만의 중생이 보리심을 발하였다.

부처님께서 사자용맹에게 말씀하셨다.

“선남자여, 이러한 시방세계의 티끌과 저 사람이 내려뜨린 티끌의 수와 이보다 더 많은 티끌 수의 겁이 있다고 하자. 문수사리동진보살은 그와 같은 오랜 겁 동안 일부러 보살의 행을 행하였느니라. 왜냐하면, 문수사리는 불가사의하며, 그의 소원도 불가사의하며, 향하여 나아감도 불가사의하며, 보리를 증득한 후의 수명도 불가사의하며 보살 대중의 모임도 불가사의하기 때문이다.”

이때 사자용맹 뇌음보살 마하살이 부처님께 사뢰었다. “세존이시여, 희유하옵니다. 문수사리가 발심하여 나아감이 매우 크고 닦은 행이 또한 큼에도 이른바 문수사리 동진은 저 티끌 수의 겁 동안 고달파하지 아니하였나이다."

문수사리가 말하였다.
"선남자여 어떻게 생각합니까? 허공이 낮이라 밤이
라 보름이라, 한 달이라, 한 철이라, 한 해라, 한 겁이
라, 백 겁이라, 혹은 천 겁이라, 구지 나유타 백천 겁
이라고 생각을 하겠습니까?"
"아닙니다, 문수사리여. 왜냐하면 허공계는 분별이
없기 때문입니다."
문수사리가 말하였다.
"선남자여, 만일 허공과 같이 모든 법을 깨닫는다면,
깨달음도 이와 같아서 분별하지도 않고 분별할 것도
없으며, 저 낮과 밤과 보름과 한 달과 한 철과 한 해
등에 대해서도 앞에 말함과 같이 법에 대하여 조그만
생각도 일으키지 아니할 것입니다. 선남자여, 큰 불이
한량없는 항하사겁을 지나도록 타더라도, 허공계는 생
기지도 않고 타서 없어지지도 아니 하리니, 허공계는
제 성품이 없기 때문입니다.
이와 같이 선남자여, 만일 보살이 모든 법에 성품이
없음을 알면 번뇌도 고달픔도 없으리니 마치 허공이
타지도 않고 고달픔과 번뇌를 내지도 않고 동요하지도
않고 생겨나지도 않고 썩지도 않고 죽지도 않고 변천

하지도 않고 일어나지도 않으며 가는 일도 없고 오는 일도 없기 때문입니다.

선남자여, 문수사리라는 이름도 그러하여 타서 없어지지 않고 고달프지도 않고 번뇌도 없고 동요하지도 않습니다. 생겨나지도 않고 썩지도 않고 죽지도 않고 변천하지도 않고 일어나지도 않으며 가는 일도 없고 오는 일도 없습니다. 왜냐하면 이름을 끝내 멀리 여의었기 때문입니다."

이 법을 말할 때, 사대천왕과 제석천왕과 대범천왕과 그 밖의 큰 위덕이 있는 여러 천자들이 이구동성으로 이렇게 말하였다.

"만일 모든 중생들이 이 법문을 듣기만 하여도 큰 이익을 얻을 것이다. 하물며 받아 지니고 읽고 외움에 있어서랴. 조그만 선근으로는 성취할 수 없을 것이다.

세존이시여 저희들이 이 법문을 받아 지니고 읽고 외우고 널리 선전하여 유포하겠사오니, 그것은 바른 법을 호지하기 위해서입니다."

이때 사자용맹 뇌음보살이 부처님께 여쭈었다.

"세존이시여, 선남자 선여인이 이 법문을 받아 지니고 읽고 외우고, 다른 이에게 이런 법을 선전하고 해설하며 불찰장엄을 성취하기 위하여 이런 마음을 낸다면 문수사리가 얻은 공덕과는 어떻게 다르겠습니까?"

부처님께서 말씀하시었다.

"선남자여, 여래가 걸림이 없는 눈으로 보는 세계에, 어떤 보살이 칠보를 가득히 채워서 낱낱 부처님께 받들어 드리고 공양하며, 오는 세상이 다하도록 구지 겁 동안을 보시하며, 이 보살로 하여금 청정한 계율에 편안히 머물게 하여, 모든 중생에게 평등한 마음을 얻게 하였다 하자. 그리고 다른 보살이 불찰공덕장엄법문을 받아 지니고 읽고 외우며, 또 능히 발심하여 문수사리가 배운 것을 따라서 일곱 걸음의 공덕(부처님께서 태어나시자 중생을 제도코자 행하신 설법의 공덕. 이때 부처님께서는 천상천하天上天下 유아독존唯我獨尊이라고 설하였다)을 쌓았다면 앞의 공덕으로는 백분의 일도, 천분의 일도, 가라(迦羅)분, 백천 구지분의 일에도 미치지 못하며, 산수로도 미칠 수 없느니라."

이때, 문수보살은 보살평등조요여환삼매(菩薩平等照曜如幻三昧)에 들었다. 그 삼매의 힘으로 모든 회중의 보살들이 시방의 한량없고 그지없는 부처님 세계를 가까이 보니, 낱낱 부처님 앞에 모두 문수사리가 있으면서 자기의 불찰공덕장엄을 말하고 있었다. 모든 회중이 보고 나서 문수사리의 훌륭한 서원과 삼매의 지혜에 기특한 생각을 내어 '문수사리동진보살 법왕자와 같이 백천 구지 나유타 원을 우리들이 다 보아지이다’ 하였다.

이때 미륵보살이 부처님께 여쭈었다.

“세존이시여, 이 법문을 무엇이라 이름하오며, 어떻게 받아 지니오리까?”

부처님께서 미륵에게 말씀하시었다.

“이 법문은 제불유희(諸佛遊戲)라 이름하나니 그대들은 받아 지니라. 부사의원(不思議願)이라고도 하나니 그대들은 받아 지니라. 설불찰공덕장엄(說佛刹功德莊嚴)이라고도 하나니, 그대들은 받아 지니라. 발보리심영환희(發菩提心令歡喜)라고도 하나니, 그대들은 받아지니라.”

이때 시방에서 모여 왔던 한량없는 보살 대중은 부처님과 법에 대하여 큰 공양을 지었다. 그러자 온갖 하늘꽃이 내렸으며, 보살대중이 머리를 조아려 부처님 발에 예배하고 세 번을 돌고 각각 본국으로 돌아가면서 이렇게 찬탄하였다.

“기이합니다, 세존이시여. 기이합니다, 세존이시여. 저희들로 하여금 부사의한 법을 듣게 하시며 문사사리 동진보살의 큰 사자후를 듣게 하시었나이다.”

이 법을 말씀하여 마치시니, 항하사 보살들은 위없는 보리에서 물러나지 아니하였고 한량없는 중생들은 선근을 성취하였다.

일행삼매一行三昧

선남자 선여인이 일행삼매에 들어가고자 하면 응당히 비고 한적한 곳에서,
모든 어지러운 뜻을 버리며, 모양[相貌]을 취하지 아니하고,
마음을 한 부처님에 매어[繫心一佛] 오로지 부처님 명호[專稱名字]를 부르며,
부처님께서 계신 방향을 따라, 몸을 단정히 하고 바로 향하여
능히 한 부처님을 끊임없이 계속 생각하면(念念相續),
곧 이 생각 중에 능히 과거, 미래, 현재의 모든 부처님을 보느니라.
– 문수반야경文殊般若經

문수기도 방법

(기도 시작할 때)

南無五峰聖主 文殊菩薩
나무오봉성주 문수보살
南無七佛祖師 文殊菩薩
나무칠불조사 문수보살
南無淸凉會上 文殊菩薩
나무청량회상 문수보살

(문수보살 정근)

南無 三世佛母 五峰聖主 七佛祖師 大智文殊師利菩薩
나무 삼세불모 오봉성주 칠불조사 대지문수사리보살
文殊菩薩 文殊菩薩 文殊菩薩
문수보살 문수보살 문수보살……(108번 이상, 시간되는 만큼)

(기도 마칠 때)

文殊菩薩 法印能消 定業呪
문수보살 법인능소 정업주

옴 바계탁 나막 사바하 (세번)

廓周沙界聖伽藍 萬目文殊接話談
확주사계성가람 만목문수접화답
言下不知開活眼 回頭只見舊山巖
언하부지개활안 회두지견구산암
故我一心歸命頂禮
고아일심귀명정례

　문수보살(文殊菩薩)은 지혜를 상징하는 보살이다. 지혜를 성취하고자 하는 사람은 문수보살 기도를 한다.

　석가모니 부처님의 권능을 상징할 때 왼쪽은 지혜(智慧)를 상징하는 문수보살, 오른쪽은 행원(行願)을 상징하는 보현보살을 표상한다. 더욱 알기 쉽게 표현하기 위하여 문수는 짐승 중에 가장 지혜롭다는 사자를 타고, 보현은 꾸준히 실천 실행하는 코끼리를 타고 있는 모습을 나타내고 있다. 본래 지혜와 실천이 둘이 아니지만 지혜로운 삶의 방법을 설명하여 즐거운 생활을 하게 하기 위한 방편으로 이렇게 상징적으로 표현하였다.

　문수보살 기도는 관세음보살이나 지장보살 기도처럼 널리 신행(信行)되고 있지는 못하지만 일정한 도량을 중심으로 꾸준히 그 신행이 계승되어 오고 있다. 문수보살이 상주하는 도량은 청량산(淸凉山)이며, 중국의 청량산이 동서남북과 중앙의 다섯 봉우리를 이루고 있기 때문에 오대산이라 하며, 우리나라의 오대산도 이와 같은 의미를 가진 문수도량이라고 한다. 또한 문수사(文殊寺)·문수암(文殊庵)·문수원(文殊院)이라는 절 이름도 모두 문수도량을 상징하여 명명한 것이다.

　우리나라에서 가장 유명한 문수도량은 강원도 평창 오대산에 있는 상원사다. 물론 오대산 자체가 문수도량

이라는 의미지만 오대산 중대(中臺)를 사자암(獅子庵)이
라 한 연유는, 사자는 문수보살이 타고 있는 동물로서
지혜를 상징하고 석가모니 부처님께서 하시는 법음(法
音)을 사자후(獅子吼)라 하여 지혜의 외침이라 하고, 앉
은 좌석을 사자좌(獅子座)라 한다. 사자는 짐승 가운데
가장 용맹스럽고 지혜로우며 그 소리가 우렁차기 때문
에 동물의 왕이라고 한다. 중생을 깨우치는 설법을 하
면서 이해를 돕기 위한 방편으로 상징이나 예를 제시
함에 이와 같이 비유한 것이다.

　　문수보살은 금색세계(金色世界)의 오봉(五峰)의 성주
(聖主)라고 하였으니 금색세계는 진리의 본체를 의미하
며, 오봉은 다섯 봉우리를 말하는데, 즉 오대(五臺)를
말하고, 성주는 오대산의 성스러운 어른이라는 뜻이며,
또 칠불(七佛)의 조사(祖師)라고 하는데 과거 제1 비바
시불, 제2 시기불, 제3 비사부불, 제4 현재구류손불,
제5 구나함모니불, 제6 가섭불, 제7 석가모니불의 조
사라는 뜻은 선가(禪家)에서 조사선의 법통을 세우기
위한 것으로 보이지만, 불지(佛智)를 상징하는 당체적
의미에서 이해해야 할 것으로 생각한다.

　　〈석문의범(釋門儀範)〉의 대예참문(大禮懺文)에는 "오
랜 겁 전에 일찍 정각을 이루시고 한량없는 세계에서
중생의 어리석음을 교화하시며, 이미 용(龍)의 종자로

존경을 받고 다시 진리의 왕자로 불리어져 당체는 법계에 두루하고 신통은 사유하기 어려웁네.

교화는 무량 국토에 가득하여 삼세(三世)의 불모(佛母)이고 7불의 조사로세. 사바세계의 성스러운 가람에 확연히 두루 하고, 눈에 가득 문수 만나 대화하니 말 끝에 활짝 열린 눈을 알지 못하고, 머리 돌려 다만 옛 산의 바위를 보네. 크게 성스러운 문수사리보살이라"고 찬탄하고 있다.

'용의 종자'라고 함은 어리석은 중생에게 상서러운 부처님의 씨앗을 뿌려 깨달음으로 이끄는 스승으로 존경받는다는 뜻이며, 삼세의 불모(佛母)란 과거·현재·미래에 중생을 깨우쳐 부처님을 탄생시키는 어머니 역할을 한다는 의미다. 이것은 〈대지도론(大智度論)〉에서 "반야바라밀이 깨달음의 어머니(般若波羅密是佛母)다"라는 것과 같은 의미다. 또, 〈선문보장록(禪門寶藏錄)〉 제24칙에 "설산에서 별을 보자 도를 깨달으시고, 이 법이 아직 미진함을 알고 열 달 넘어 다니다가 **진귀조사(眞歸祖師)**를 찾아서 비로소 현극(玄極)한 종지(宗旨)를 전해 받았으니, 이것이 교(敎) 외에 따로 전한 마음이다"라고 하였다. 이것은 중국의 조사선(祖師禪)이 수승하다는 입장에서 그 정통성을 확립하기 위하여 조작된 이론이라고 보여지지만, 석가모니 부처님께서도 깨달음

을 증득하시고 진귀조사에게서 인가(印可)를 받았다는
설이다. 물론 조작된 이론이라 하더라도 진귀(眞歸)는
진리로 돌아간다는 의미로 본래 면목인 마음의 밝고
명랑한 지혜의 근본자리를 뜻하며, 지혜의 상징은 문수
보살이므로 과거의 7대 부처님의 깨달음에도 이와 같
은 지혜를 체득하였기 때문에 문수보살이 7대의 조사
(祖師)라 한다. 반야, 즉 지혜바라밀의 성취는 곧 깨달
음의 어머니가 된다고 할 수 있을 것이다.

우리나라에서 가장 유명한 문수도량인 오대산 상원
사의 문수보살 기도에 대한 영험은 조선조 **세조대왕이
문수보살의 현전가피(現前加被)로 창병(瘡病)이 나았고,**
그 화현(化現)인 문수동자상과 일화가 남아 참배하는
이의 신심을 새롭게 하고 있다. 상원사는 옛부터 선원
(禪院)으로 많은 선지식의 선불장(選佛場)이 되어 성불
로 가는 길목이 되고 있다.

문수의 지혜는 어느 누구나 성취하면 곧 부처가 된
다고 할 수 있기 때문에 **문수보살 기도는 지혜를 성취
하는 기도**라고 본다. 기도와 선정으로 지혜를 성취하면
마음이 맑고 밝아 항상 편안한 마음으로 공부도 잘하
고, 시험도 우수하게 치뤄지고, 장사도 잘되고 사업도
잘하며, 대인 관계가 원만하여 모든 사람에게 희망과
기쁨을 줄 수 있는 훌륭한 사람이 된다는 것이다.

문수보살 부사의 경계

1. 문수보살의 열 가지 서원

부처님께서 대중과 여러 큰 보살들에게 말씀하셨다.

"처음 발심한 보살과 사부 대중과 착한 남자와 착한 여인 등이 보리심을 내면 문수보살은 이렇게 서원하느니라.

'저에게는 모든 부처님과 보살의 열 가지 다함이 없고 깊고 큰 서원이 있습니다. 모든 보살과 중생이 저의 서원에 들어오면 그는 부처님의 아들이며 또한 저의 부모입니다.

왜냐하면 저의 열 가지 큰 서원을 행하는 이는 저의 부모가 되고 형제가 되고 자애가 되고 처자 권속이 되어 부귀하고 과보가 원만하며 형은 사랑하고 아우는 공순하며 자비로운 마음으로 살생하지 아니하리라고 저는 먼저 서원하였기 때문입니다.

대승을 배우고 경전을 외우며 중생을 교화하고 보리에 이르기를 원하면 저는 역시 스승이 되고 화상이 되고 아사리가 되고 도반이 되어 저의 가르침을 받고 저

의 위의를 배우고 저의 예절을 따르며 훌륭한 서원을
내게 하여 대승으로 회향하게 하며 보리를 배워 점차
불도를 이루게 할 것입니다.

  또 누구든 대신이 되고 관원이 되어 세상을 다스리
게 되면 낱낱이 깨끗하고 바르게 하며 나라에 충성하
고 부모에게 효도하는 이들과 함께 인연을 지어 보리
로 향하며 삼보를 만나서 보리심을 내도록 하겠습니다.
열 가지 다함이 없고 깊고 큰 서원이란 어떤 것인가
하면,

첫째는 3계에 태어난 모든 중생은 누구든지 인연을 따
라서 교화를 받아야 합니다. 즉 4무색계천(無色界天)·
5정거천(淨居天)을 맡은 이거나, 팔정(八定)과 사선(四
禪)을 맡은 이거나, 범천과 여섯 욕계천(欲界天)을 맡은
이거나, 제석천을 맡은 이거나 4천왕천과 바람·물·쇠
·허공의 4륜(四輪)을 맡은 이거나, 불법을 수호하는
주인이거나, 가람과 궁전을 맡은 이거나, 불법을 수호
하는 주인이거나, 4대(大)로 세상을 유지하는 주인이거
나, 금강견로(金剛堅牢)를 맡은 이거나, 불법을 수호하
는 신을 맡은 이거나, 큰 나라나 작은 나라를 맡은 이
거나, 좁쌀같이 흩어진 사방의 작은 왕을 맡은 이거나,
군대를 통솔하는 주인이거나, 여러 종류의 주인이거나,

수륙(水陸)의 4생(生)과 9류(類)의 모든 중생들이 함께 나는 3세(三世)에서 부처님의 지견(知見)을 원하게 하는 것입니다. 혹 저의 이름을 듣지 못한 이는 듣게 하고 저의 이름을 들으면 저의 법 가운데서 일체 중생이 보리심을 발하고 대승으로 돌아가 위 없는 도를 닦게 하는 것입니다.

만약 제도할 중생이 있으면 불법의 약이 되고 세간의 의사가 되어 여러 가지 병을 치료하며 절기(節氣)를 헤아리는 일과 능숙한 교역(交易)과 세속(世俗)의 훌륭한 문필(文筆)과 훌륭한 노래와 자재(自在)한 강론(講論)으로 사람을 제도하며 종류를 따라 일을 함께 하면서 세상을 지도하여 보리심을 내게 하며 바른 소견과 바른 삼매에 드는 이들이 저의 인연으로 불도에 들게 하는 것입니다.

둘째는 만약 어떤 중생이 저를 비방하기나 저를 미워하거나 형벌로 저를 죽이면, 이 사람과 저는 피차간에 서로 원수가 되어 풀리지 아니하려니와, 이들이 모두 저와의 인연으로 보리심을 내게 하는 것입니다.

셋째는 만약 어떤 중생이 저의 몸을 사랑하거나 저를 보려 하거나 저에게 구함이 있거나 저와 다른 이에

게 아첨하고 삿된 소견을 갖고 뒤바뀌거나 깨끗한 행
을 하거나 부정(不淨)한 행을 하거나 온갖 나쁜 짓을
하여도, 이들 모두가 저와의 인연으로 보리심을 내게
하는 것입니다.

넷째는 만약 어떤 중생이 저를 업신여기거나 저를
의심하거나 저를 압박하거나 저를 속이거나 3보를 비
방하거나 어진 이를 미워하거나 여러 사람을 업신여기
고 착하지 않은 마음을 내어도, 이들 모두가 저와의
인연으로 보리심을 내게 하는 것입니다.

다섯째는 만약 어떤 중생이 저를 천대하고 박대하거
나 저를 대해 부끄러워하거나 저를 공경하거나 공경하
지 않거나 저를 취하거나 취하지 않거나 저에게 구하
거나 구하지 않거나 저를 보거나 보지 않아도, 이들
모두가 저와의 인연으로 보리심을 내게 하는 것입니다.

여섯째는 만약 어떤 중생이 항상 살생하되 백정이
되어 고기를 팔고 사냥하고 낚시질하며 원귀(怨鬼)가
앞에 나타나 또 다시 서로 살해(殺害)하기를 그치지 않
으리니, 태어날 적마다 서로 보복하느라고 죽이려는 마
음이 치성하고 뉘우칠 줄을 모르며 고기를 팔아 재물

을 모아 목숨을 부지할 것입니다. 이런 마음을 가진
이는 영원히 사람의 몸을 받지 못하고 원수끼리 상대
하게 되거니와, 이런 이들을 모두 보리심을 내게 하는
것입니다.

　일곱째는 만약 어떤 중생이 저에게 공양하였거나 제
가 그에게 공양하였거나, 절과 승방과 가람과 탑과 선
방을 제가 지었거나 다른 이가 지었거나, 제가 공덕을
지었거나 부처님이나 보살의 등상을 조성하였거나, 다
른 이로 하여금 보시하게 하여 지은 복덕이 법계에 가
득하면 그 모두를 부처님의 보리에 회향하고 일체 중
생이 모두 이 복을 받게 하며, 자기나 다른 이나 벗이
나 도반이나 스승이나 제자들이 고행을 닦고 몸을 조
절하고, 음식을 끊었거나 계행을 가지거나 계행을 피하
거나 행실이 있거나 행실이 없거나, 화상이나 아사리가
지도하고 말하는 것을 들었거나, 저에게서 가르침을 받
았거나 그의 가르침을 제가 받았거나, 함께 수행하고
함께 업을 지은 이들 모두가 저와의 인연으로 보리심
을 내게 하는 것입니다.

　여덟째는 만약 중생이 나쁜 짓을 많이 하고 지옥에
떨어져 나올 기약이 없이 한량없는 겁을 지나면서 갖

은 고통을 받고, 지옥에서 나와서는 다섯 가지 나쁜 세계에 태어나되 먼저 축생이 되어 전생에 진 빚을 생명으로 갚으며, 약대·나귀·돼지·개·소·염소·코끼리·말이 되기도 하고 종이 되고 하인이 되어 묵은 빚을 갚으며, 여러 겁 동안 목숨을 바쳐 전생에 훔쳤던 것을 갚느라고 쉴 새가 없으면, 저는 다섯 가지 나쁜 세계를 다니면서 그들과 같은 세상에 같이 나서 그들을 교화할 것이며, 그때 혹 빈궁한 사람이 되기도 하고, 모든 중생들 가운데서 같은 종류·같은 인연·같은 일 ·같은 행동·같은 업으로 인도하여 부처님 법에 들어가게 하되, 저와의 인연으로 보리심을 내게 하는 것입니다.

아홉 번째는 만약 어떤 중생이 몸과 마음이 방자하고 아만(我慢)이 높아 우리의 법 가운데서 부처님 법과 스승과 제자들을 더럽히고 부끄러움을 모르고, 상주지물(常住之物)을 함부로 낭비하며 살생하고 도둑질하고 음행하고 거짓말하며, 말을 꾸며서 하고 나쁜 욕설·이간하는 말로 싸우고, 성 잘 내고 욕심 부리며 착한 이도 돌아보지 않고 남의 재물을 약탈하며, 남을 업신여기고 선과 악을 분별하지 못하며, 열 가지 나쁜 짓과 온갖 죄악을 짓고 그 때문에 죽어서는 아비지옥에 떨어지고, 지옥에서 나와서는 여섯 가지 나쁜 세계를 바퀴 돌듯 돌아가면서 생사고해를 헤매면 이들 모두와 인연을 맺어 같은 업과 같은 길에서 인연 따라 몸을 바꾸어 구제하여 벗어나게 하고, 저와의 인연으로 보리심을 내어 위 없는 도를 구하게 하는 것입니다.

　열째는 만약 어떤 중생이 우리 법 가운데서 저와 인연이 있거나 인연이 없어도 저의 소원과 같기만 하면, 이는 곧 저의 몸이며 저와 다름이 없나니, 사랑하고 불쌍히 여기고 기뻐하고 버리는 일을 행하며, 허공같이 넓은 마음으로 중생을 제도하여 쉬지 아니하며, 보리(菩提)를 깨닫고 정각을 이루는 길에 이르게 하는 것입니다'라고.

　문수보살은 이 거룩한 원력으로 3계에 들지도 않고 3계에서 나가지도 않으며, 마음이 허공 같아서 여래의 청정한 성품 속에 항상 있으며. 여래장 가운데서 법계에 안주한 성품 속에 항상 있으며, 여래장 가운데서 법계에 안주(安住)하며 중생들의 마음 가운데 두루 하느니라.

　그러한 문수보살은 '나는 큰 서원이 있어 성인의 성품으로 중생들에게 가피하여 죄업은 소멸되고 보리에

들어가서 부처님의 과보를 얻게 하리라'고 말하나니,
이것을 '보살의 열 가지 큰 서원'이라 하느니라."

이같이 문수보살의 광대한 서원을 말하자 모두가 이
러한 원을 내었고 3천 대천세계가 여섯 가지로 진동하
고 하늘에서는 만다라 꽃이 비 오듯 내려 허공에 가득
찼으며, 그때에 모인 대중들은 이 꽃을 보고 함께 찬
탄하되 '문수보살의 자재하고 거룩한 신력은 헤아릴 수
없으며 말할 수 없도다' 하였으며, 모인 대중들은 모두
가 환희하여 믿고 받들어 행하였다.

2. 삼세 제불이 보리심으로 인하여 출현하심

보리심은 씨앗과 같아서 일체의 불법을 내며,

보리심은 밭과 같아서 중생들의 착한 법을 자라게 하며,

보리심은 땅덩이와 같아서 모든 세간을 싣고 있으며,

보리심은 물과 같아서 모든 번뇌의 때를 씻으며,

보리심은 바람과 같아서 세간에서 장애가 없으며,

보리심은 불과 같아서 모든 삿된 소견을 태우며,

보리심은 왕과 같아서 모든 소원을 마음대로 이루며,

보리심은 허공과 같아서 묘한 공덕이 그지없으며,

보리심은 연꽃과 같아서 더러운 세간에도 물들지 않으며,

보리심은 여의주와 같아서 수시로 가난한 이를 도와주며,

보리심은 공덕병(功德瓶)과 같아서 일체 중생의 마음을 만족하게 하며,

보리심은 장사(壯士)와 같아서 '나'라고 하는 모든 적을 깨뜨리며,

보리심은 마군을 항복 받는 금강저(金剛杵)와 같아서 모든 외도와 마군을 꺾어버리며,

보리심은 샘물과 같아서 다함이 없는 지혜를 내며,

보리심은 돌아갈 곳으로서 찾아오는 모든 이들을 거절하

지 않으며,

보리심은 오묘한 보물이 되어 여러 사람의 마음을 기쁘게
하며,

보리심은 보시하는 법회와 같아서 중생들의 마음을 만족
케 하나니,

보리심은 이와 같이 한량없는 공덕을 성취하느니라.

3. 불경은 타지 않았다

1900년쯤 전에 인도의 가섭 마등·축법란(竺法蘭) 두 사람이 천안(天眼)으로 중국을 살펴보니 중생들의 대승 근기가 성숙하였고, 오대산(五台山)은 문수보살이 사는 곳이지만 불교가 미치지 못하여 찾는 이가 없는 줄을 알고 부처님의 탱화와 불경을 가지고 중국에 오려고 하였다.

중국의 한(漢)나라 효명(孝明) 황제는 영평(泳平) 7년(서력 64년) 정월에 키가 10척이나 되고 햇빛같이 찬란한 황금 사람이 뜰에 내려오는 꿈을 꾸었다. 이튿날 아침에 신하들에게 꿈 이야기를 하였더니, 부의(傅毅)가 여쭈었다.

"신이 주서이기(周書異記)라는 책을 보오니, 말하기를 '서방에 대성인이 탄생하였는데 천년 후에는 그 교법(教法)이 이 나라에 미치리라' 하였더이다. 지금 폐하의 꿈이 그 징조일 줄로 아뢰오."

황제는 이에 왕준(王遵)·채암 등 18인을 월지국(月支國)에 보내었더니, 그들은 영평 10년(67) 12월, 마등

·법란 두 스님과 함께 서울 낙양(洛陽)으로 돌아와 불경과 불상을 황제에게 올리니 과연 꿈에 보던 황금 사람이었다.

황제는 마등과 법란에게 꿈꾸었던 일을 말하였더니, 두 사람은 이렇게 대답하였다.

"그 꿈은 부처님께서 불법을 폐하께 부촉하심이오니, 원컨대, 유의하십시오.'

황제는 또 물었다.

"부처님이 세상에 나셨는데 어찌하여 이 나라에는 오시지 않았습니까?"

"대성인은 시기에 응하시고 인연을 따르나이다. 인도는 삼천 대천세계의 중앙이옵고 여러 성현들이 일시에 나서 근기가 성숙하였으므로 거기 나시었고, 다른 곳은 인연이 이르지 않았으므로 부처님이 오시지 않았사오니, 비유컨대 물이 맑으면 달이 비치고 흐리면 비치지 않는 것과 같나이다. 그리고 그 교법이 퍼지는 것도 때를 따라 빠르기도 하고 더디기도 하옵니다."

"이 나라에는 성인이 계시는 곳이 없습니까?"

"이 나라 오대산에는 문수보살이 계시어서 천인·용왕·신인들을 교화합니다마는 계율과 선정을 닦는 이가 아니면 보지 못하나이다."

미등과 법란은 '사십이장경(四十二章經)'을 번역하여
바치고, 이듬해 봄에 오대산을 순례하고 와서 황제에게
말하여 절을 짓게 하였다. 오대산 모양이 인도의 영취
산(靈鷲山)과 같다고 해서 '영취사'라 이름하였더니, 황
제는 불법을 처음 믿는다는 뜻으로 '대부영취사(大孚靈
鷲寺)'라 하고 비로소 수십 명의 승려를 득도케 하여
살게 하였다.

이 오대산에는 본래 도교(道教)를 받드는 도사(道士)
들이 살았는데 불교가 들어와 도교가 빛을 잃게 되었
다. 그래서 영평 14년 정월에 오대산 도사 백록(白鹿)
과 오악(五嶽)의 도사 저선신(楮善信) 등이 서로 의논하
고 황제께 사뢰었다.

"도교와 불교가 어느 것이 옳고 어느 것이 그른지
분간하지 못하오니, 두 교의 경전을 불로 태워 보아서
타는 것을 쫓아내고 타지 않는 것을 받들게 하여지이
다."

황제는 그를 허락하고 정월 보름에 백마사(白馬寺)에
거동하였다. 도사들은 단을 쌓고 제사하면서 도교의 서
적들을 단의 한 가운데 놓았고, 마등은 부처님 사리와
경전과 불상을 서쪽에 모시었다.

재(齋)를 마친 후에 도사들은 횃불을 들고 단을 돌면
서 울며 고축하였다.

"저희들이 태극대도 원시천존(太極大道元始天尊)과 여러 신령님께 아뢰나이다. 지금 서역(西域)의 불법이 우리나라에 들어왔는데 임금이 사교(邪教)를 믿어서 바른 도가 쇠퇴하게 되었사옵기, 저희들이 도경(道經)을 단상에 모시옵고 불로 영검을 보이어서 어리석은 마음을 열어 보이고 정도(正道)와 사교를 판단하려 하나이다."

축원을 마치고 경전에 불을 지르니 웬일인가. 불이 닿기가 무섭게 활활 타서 재가 되는 것이었다. 도사들은 깜짝 놀라고 타지 않기를 바랐지마는 어찌할 수가 없었다.

그런데 불경과 불상은 맹렬한 불에도 타지 않고 사리의 광명이 일산으로 화하여 허공에 덮이었고 마등과 법란은 몸을 솟아 공중에 올라가서 18가지 변화를 나투면서 게송으로 황제에게 말하였다.

여우는 사자의 종류가 아니고
등불은 해와 달의 밝음을 따를 수 없으며
못이 큰 바다를 담을 수 없거니
언덕에게 높은 묏부리의 빼어남 있으랴.
법구름 온 누리 가득히 덮이고
단 이슬 초목을 흡족히 적시니
처음 보는 신통을 오늘날 보이어

이르는 곳마다 중생을 건지네.

이 일이 있은 뒤에 마등과 법란은 서역으로 돌아갔
다.

4. 머리를 만져 공을 이루다

후위(後魏, 440~534) 때에 영변(靈辯)법사는 현옹산(懸瓮山)에서 출가하였고, 희평(熙平) 초년(516)에 화엄경을 머리에 이고 오대산 봉우리를 밤낮으로 돌아다니면서 발이 부르터 피가 나는 데도 쉬지 않고 3년 동안을 꾸준히 도를 닦았다.

어느 날 저녁 소나무 아래 앉았노라니 문득 마음이 환하게 맑아지면서 난데없는 비구가 와서 머리를 만져주고 말하기를, "그대가 오랫동안 애를 쓰니 그 신심으로 인하여 마땅히 삼매에 들어가리라" 하고는 어디론지 사라졌다.

그 후부터는 꿈을 깬 듯이 무슨 글이든지 보기만 하면 이치를 알게 되었다. 1백 권 논을 지어 화엄경을 해석하였고, 효명 황제의 존경을 받아 식건전(式乾殿)에서 경의 깊은 뜻을 설법하니 대신들이 북향(北向)하고 앉아 들었으며 그 후에 오대산에서 입적했다.

5. 몸을 불살라 빚을 갚다

북제(北齊)나라 천보(天保) 황제의 셋째 왕자는 지난 두 생 동안 중이 되어 계행이 청정하였으므로 나면서부터 지난 세상 일을 환하게 알았다.

과거 주(周)나라 때부터 항상 진(晉)나라·초(楚)나라의 대신 집 아들로 태어나면서 사람 천여 명을 죽였고, 남에게 살해되기도 일곱 번이나 한 일을 기억하고는 세상이 싫은 생각이 나서 왕자의 호사도 귀찮았다.

천보 7년(556)에는 고칠 수 없는 병이 나서 백약이 무효하였다. 오대산에 들어가 지성으로 예배하면서 문수보살을 친견하려 하였으나 오랜 세월이 쌓여도 보지 못하자 속으로 의심만 하였더니, 한번은 꿈에 어떤 노인이 와서 이렇게 말했다.

"그대는 과거에 부질없이 나고 죽기를 얼마나 하였는가? 지금 성인을 만나려고 하면서 그만한 수고도 참지 못하고 게으른 생각부터 하는가? 그대의 몸까지도 그대의 것이 아니니 각별히 힘쓸지어다."

왕자는 생각하기를 '이 몸으로 과거의 빚을 갚아야겠다' 하고, 문수보살의 형상 앞에서 몸을 불살라 공양하면서 이렇게 축원하였다.

"제가 지금 이 육신을 불살라 문수보살께 공양하오
니 이 인연 공덕으로 지난 세상에서 내 손으로 사람을
죽이고 남을 시켜 사람을 죽이던 한량없는 묵은 빚을
한꺼번에 갚아버리고, 다시 사람으로 태어나 어려서 중
이 되고 보리를 이룰 때까지 영원히 살생하지 말아지
이다."

불이 꺼진 뒤에 내시 유겸지(劉議之)가 뼈를 주워 영취
산 서쪽에 탑을 쌓아 간직하였고 황제는 몸을 태운 곳
에 절을 지었다.

6. 복운스님이 소신(燒身)한 일

당나라 스님 복운(福運)은 대주(代州) 총은사(總恩寺) 스님으로 몸에 병이 들어 여러 해를 고생하더니 필경에 오대산에 가서 죽기를 기약하고 수도하였다. 하루는 금강굴(金剛窟) 앞에서 예참하다가 피곤하여 잠이 들었는데 어떤 사람이 물로 몸을 씻어 주는 꿈을 꾸었고, 깨어나자 숙명통(宿命通)을 얻게 되었다.

그래서 지난 일을 생각하니 과거에 법사가 되어 신도들의 이양(利養)을 탐내어 부정한 생각으로 법을 말하였고, 그 과보로 죽어서 소가 되고 개가 되어 그 빚을 갚다가 이번 생에 사람이 된 것이었다.

그런 줄을 알고 슬프고 놀라움을 이기지 못하여 몸으로써 문수보살께 공양하여 지난 세상의 죄를 참회하기로 작정하고 백일 동안 향을 복용한 다음 장작을 쌓아 놓고 그 위에 가부좌를 틀고 앉아서 손수 불을 지르고 고요하게 죽으니, 이목구비에서 광명이 나와 하늘에 비치고 구경하는 사람의 슬퍼하고 찬탄하는 소리가 천지를 진동하였다.

7. 신기한 돼지 영생이

송나라(宋, 960~1126) 건양(建陽) 땅에 조 서방이 있어 돼지를 길렀다. 그 중 한 마리가 유달리 이상하여 털은 금빛이고 영생이(薄荷)만 먹으므로 동내 아이들이 영생이라 부르고, 사람이 붙들려고 하면 다른 것들은 놀라 달아나는데 영생이는 순순하게 붙들리어 우리로 들어가곤 하였다. 그래서 조 서방도 유달리 사랑하여 여러 해를 죽이지 않고 길렀다.

태종의 태평흥국(太平興國, 976~983) 때에 변총(辨聰)이란 스님이 오대산 청량사에 가서 여름을 나는데, 어떤 늙은 스님이 대중 사이를 들락날락 하면서 행동이 괴상하여 대중이 모두 업신여겼지만, 변총스님은 그를 존경하였다.

해제가 되어 변총이 그곳을 떠나는데 늙은 스님이 편지를 주면서 서울에 가거든 영생이를 찾아서 전해달라고 했다. 변총은 편지를 받아 가지고 오다가 도중에서 뜯어보니 그 사연은 이러하였다.

"그대가 세간에 간 지 오래인데 중생들을 조복하기에 힘이 들지 않는가? 중생이 조복되었거든 그대도 스스로 조복하고 중생 제도가 끝나면 빨리 돌아오라. 오래 지연하다가는 나쁜 인연에 팔리어 세상 일에 빠지기 쉬우니라.”

변총은 깜짝 놀라 편지를 도로 봉하여 가지고 광제하(廣濟河)에 이르렀다. 아이들이 ‘영생이’ ‘영생이’ 하고 부르는 말을 듣고 ‘영생이가 어디 있느냐?’ 물었더니 아이들은 조 서방네 돼지우리를 가리키면서 목에 방울을 단 큰 돼지라고 하였다. 변총이 우리에 가서 ‘영생이’하고 불렀더니 돼지가 벌떡 일어서는 것이 아닌가. 편지를 던져 주니 돼지는 받아 먹고 사람처럼 서서 죽었다.

8. 문수보살을 염하고 도둑떼를 면하다

　명나라 선덕(宣德, 1426~1435) 때에 정주(定州) 사람 조일귀(曹一貴)가 여섯 사람의 친구와 함께 오대산에 갔다가 화엄고개(華嚴嶺)에서 강도를 만나 결박되었다.

　어찌할 수 없어 문수보살을 지성으로 염하였더니 문득 수십 명의 말 탄 사람들이 고개를 넘어오는 것이 보였다. 그래서 도둑들은 달아나버렸다. 일귀가 머리를 들어 살펴보니 다만 구름장이 고개에서 오고 갈 뿐 사람은 없었다. 그 일행은 무사하게 돌아왔다.

9. 구름다리 만들어 불상을 통과시키다

명나라 가정(嘉靖) 15년(1536)에 서울에 있는 왕행자(王行者)가 불상을 조성하여 오대산으로 보내는데, 용천관(龍泉關)에 이르러서는 불상이 너무 커서 관문으로 나갈 수가 없었다.

수문장이 희롱삼아 말하기를 '부처님이 방광을 하면 내가 이 관문을 헐고라도 내 보내마' 했다. 말이 채 끝나기도 전에 부처님 얼굴에서 광명이 나와 서쪽으로 뻗치었다. 그래서 수문장은 성 위로 구름다리를 만들어 불상을 통과시켰다.

10. 거지 여자가 잿밥을 먹다

　후위(後魏) 때, 오대산 대부영취사(大孚靈鷲寺)에서는 봄의 삼월마다 무차대회(無遮大會)를 차리는데 승속(僧俗)·남녀(男女)·귀천(貴賤)을 막론하고 달라는 대로 음식을 주어 배부르게 하였다. 먹는데 평등해야 법에도 평등하다는 뜻이다.

　하루는 어떤 거지 여인이 두 아들과 개 한 마리를 데리고 왔는데 몸에는 아무 것도 가진 것이 없어 머리칼을 깎아서 시주하였다. 아직 밥때가 되지 않았는데 그 여인은 주관하는 스님께 말하였다.

　"나는 급히 볼 일이 있어 곧 가야 하겠으니 먼저 밥을 주면 좋겠소."

　주관하는 스님은 밥 세 상을 주면서 셋이 먹으라고 하였다. 여자는 또 개도 먹어야 하니 한몫을 더 달라고 하므로, 할 수 없이 한몫을 더 주었다. 여인은 또 말하였다.

　"내게는 태아가 있으니 한몫을 더 주어야 하겠습니다."

　이번에는 주관하는 스님이 벌컥 화를 내면서 말하였

다.

"그대는 스님네의 잿밥에 욕심이 너무 많도다. 배 안에 있는 것은 아직 낳지도 않았는데 무슨 밥을 먹는단 말인가? 저렇게 탐욕이 많아서 무엇하느냐?"

그 여인은 꾸중을 듣고 이렇게 게송으로 말하였다.

　쓴박은 뿌리까지 쓰고
　단 참외는 목지도 달다
　삼계에 몸 둘 곳 없어
　스님의 꾸중을 받노라.

말을 마치고 공중으로 몸을 솟아 보살이 되고, 개는 사자가 되고, 두 아이는 하늘 동자가 되어 구름 끝에 서서 또 게송을 읊는 것이었다.

　중생이 평등을 배운다지만
　경계를 따라 마음이 물결치고
　온몸을 다 버려서까지
　미워하고 사랑하나니 어찌하리오.

그때 천여 명 대중은 공중을 향하여 눈물을 흘리며 말하였다.

"보살이시여, 저희들에게 평등한 법문을 일러 주소
서. 이 몸 다하도록 받들어 행하리이다."

공중에서 또 게송으로 말하였다.

마음을 땅처럼 가지고
수대(水大) · 화대(火大) · 풍대(風大)와도 같이 하라.
둘이 없고 분별이 없으면
끝까지 허공 같으리.

주관하는 스님이 참 성인을 몰라보았다고 칼을 들어
제 눈을 도리려 하는 것을 대중이 말렸고 여인이 몸을
솟아 오른 곳에 탑을 쌓고 보시한 머리카락을 모셔 공
양하였다.

명나라 만력(萬曆, 1573~1619) 때에 주지 원광(圓
廣)이 탑을 중수하면서 머리카락을 내어보니 금빛이 찬
란하였는데, 보는 이에 따라 여러 가지로 변하였다.

11. 성인을 만나고도 알지 못하다

　고씨가 세운 제나라(高齊, 550~1619) 때에 명욱(明勗)대사는 정주(定州) 사람으로 어려서부터 마음이 고상하였다.

　일찍이 화엄경을 읽다가 오대산에 문수보살이 계신 줄을 알고 경을 지고 들어가서 깊은 골짜기와 높은 봉우리를 안 다닌 곳이 없었다. 하루는 어떤 스님을 만났는데 용모가 이상하였다. 서로 인사하면서 '어리석은 사람을 제도 하소서' 하였고, 얼마 후에 어디서 오느냐고 물어 사는 곳을 말하였다.

　명욱대사는 동무를 만났다고 기뻐하면서 의심 없이 3일 동안 동행하다가 동대(東臺)에 이르렀더니, 쓰러져 가는 집이 있고 중이 몇 사람 있으나 얼굴이 누추하고 행동도 변변치 못하였다. 명욱은 보잘 것 없다고 생각하면서도 날이 저물어 할 수 없이 그 집에서 자게 되었다. 한 밤중이 되어 동행하던 스님이 병이 나서 자못 위중하더니, 날이 새어도 차도가 없고 악취가 나서 코를 들 수가 없었다.

그 스님이 말하기를 '나는 병이 심하여 동행할 수 없으니 스님은 먼저 떠나시오' 하였다.

명욱은 함께 머무를 수도 없어서 '순례를 마치고 회로에 찾겠노라' 하고, 떠나서 두어 걸음 걷노라니, 뒤에서 댕그랑 하는 소리가 들렸다. 돌아보았더니 집도 없고 스님도 없었다. 그제서야 성인의 한 바인 줄을 깨닫고 자기의 우매함을 한탄하였으나, 어찌할 도리가 없었다. 10여 일을 헤매면서 다시 뵈옵기를 간구하였으나 모두 허사였고, 고향으로 돌아와서 큰스님께 그 사실을 말하니 큰스님은 이렇게 말했다.

'그대에게 두 가지 허물이 있다. 하나는 스님을 보고 변변치 못하다고 생각한 것이요, 또 하나는 병이 난 동행을 버린 것이다. 그래서 보살을 만나고도 알아보지 못한 것이니라.'

명욱대사는 그 말을 듣고 일생에 잊지 않고 병난 이를 간호하는 것으로 수행을 삼았다.

12. 정성이 지극하여 선지식을 만나다

수(隨, 581~617)나라 고절(高節)은 병주(幷州)사람이다. 말을 배울 적부터 '나무불(南無佛), 나무불' 하고 다른 말은 하지 않더니, 17세가 된 때에 세상이 싫어서 출가하려 하였고, 부모는 살림을 돌보지 않는다고 해서 만류하지 않았다. 어느 날 부모를 하직하고 오대산에 들어가서 험한 길도 가리지 않고 샅샅이 찾아다녔다.

하루는 북대(北台)의 뒷 골짜기에서 고행(苦行)하는 스님을 만났는데 오막살이 집에서 풀뿌리를 캐어 먹으며 살고 있었다.

고절은 기쁜 마음으로 선지식을 만났다 생각하고 나아가 절하고 제도하여 달라고 애원하면서 모시고 있겠다고 하였다.

스님은 '너도 내가 먹는 것을 먹고 지낼 수 있다면 중이 될 수 있다'고 했다. 고절은 풀뿌리와 나뭇잎을 따서 먹고 샘물을 마시면서 여러 날 지내다가 또 득도(得度)하기를 청하였다.

스님은 '법화경을 외우면 중을 만들어 주리라'고 했

다. 고절은 또 이레만에 법화경을 모두 외우고 다시 중이 되기를 간청하였다.

스님은 또 말하기를 '네가 이렛 동안 고요히 앉아서 산란한 마음을 거두어들이면 득도하게 되리라' 했다. 고절은 나뭇잎을 배부르게 먹고 이렛 동안을 좌선하다가 일어나니 몸과 마음이 경쾌하고 법열(法悅)이 무량하였다. 그래서 스님 앞에 나아가 절하고 여쭈었다.

"거룩하시어라, 스님이시여! 제가 이제 법력을 얻었사오니 대자대비로 저를 출가시켜 주십시오.'

스님은 이렇게 말했다.

"나는 나이 늙어서 너를 제도하여 도를 얻게 할 수 없다. 장안(長安)에서는 지금 계산림(戒山林)이 열리고 있다. 너는 빨리 가서 와륜(臥輪)선사를 찾아 의지하라."

고절은 물었다.

"스님의 당호를 일러 주소서. 제자로서 받드오리다."

스님은 또 이렇게 말하였다.

"내 이름은 해운(海雲)이니, 그렇게 알아라."

고절은 눈물은 흘리면서 하직하고 장안에 가서 와륜선사를 찾아뵈었다.

와륜: "어디서 오느냐?"

고절: "오대산에서 옵니다. 저희 스님의 말씀을 듣고 찾아 왔나이다."

와륜: "너의 스님이 누구냐?"

고절: "스님은 해운화상이올시다."

와륜선사는 깜짝 놀라면서 이렇게 말하는 것이다.

"해운비구는 화엄경에 나오는 선재동자의 셋째 선지식이다. 만겁에 공덕을 쌓지 않고는 만나지 못한다. 네가 그런 대성인을 모르고 나에게 왔으니 그것은 대단한 잘못이로다."

고절은 그제야 깨닫고 가슴을 치면서 한탄하고, 오대산을 향하여 다시 뵈옵기를 원하면서 와륜선사를 하직했다. 오대산에 다시 들어가 오막살이를 찾았으나 흔적도 없고 다만 잡목이 우거졌을 뿐이었다.

13. 마음이 트여서 부처님을 뵙다

중국 수나라 때 해탈(解脫)화상은 대주 출신으로, 어려서 부모를 하직하고 오대산 소과사(昭果寺)에 들어가 머리를 깎고 비구계를 받은 후에 포복산(抱腹山)에 들어가 지소(志昭)선사를 모시고 출세간의 도를 배우고 있었다.

지소선사는 그를 매우 유망하게 여겨 하루는 대중들에게 이렇게 말하였다.

"해탈은 참선공부가 투철하여 너희들은 미칠 수 없으니, 보통 대중들처럼 일을 시키지 말라."

해탈화상은 지소선사의 문하에서 수학하다가 얼마 후 다시 오대산 소과사로 돌아와 낮에는 대승경전을 읽고 밤에는 참선공부를 하였다.

한번은 오대산 동대에 갔다가 누더기를 걸친 스님이 반석 위에 가부좌하고 앉아 있는 것을 보고, 그 스님 앞에 나아가 절을 하면서 "문수보살을 뵙고자 하오니, 그 길을 가르쳐 주소서" 하였다.

누더기를 걸친 스님은 한참 고개를 들고 있더니 갑자기 손가락으로 금련화 꽃을 가리키는 것이었다.

해탈화상이 고개를 돌려 그 꽃을 보는 사이에 그 스님은 어디론지 사라지고 보이지 않았다.

해탈화상은 반석 곁에서 밤낮으로 기도하며 부지런히 정진하였다.

얼마 후 그 스님은 환한 광명 속에서 상반신을 나타내고 말하는 것이었다.

"해탈하는 일은 자기 자신이 하는 것인데, 어찌 다른 사람에게 구하랴."

이렇게 말하고는 또 간 데가 없었다.

해탈은 그때부터 산란하던 마음이 없어지고 무생법인을 깨닫게 되어, 크게 즐거움을 얻고는 이러한 서원(誓願)을 세웠다.

'내가 이 법을 얻었으니 혼자만 기뻐할 것이 아니라, 일체중생과 함께하리라.'

이렇게 발원하고는 곧 삼매에 들었다.

그때 여러 부처님이 나타나 게송으로 말하는 것이었다.

부처님의 적멸(寂滅)하고 매우 깊은 법
여러 겁을 수행하여 지금 얻었네
네가 능히 이 법눈을 이제 떴으니
우리들도 너를 따라 기뻐하노라.

해탈은 이 게송을 듣고 다시 물었다.

"적멸한 법을 어떻게 설명해야 남들이 이해할 수 있겠나이까?"

여러 부처님은 동시에 말씀하시었다.

방편의 지혜로 등불을 삼아
마음의 경지를 비추어 보아라
진실한 법의 성품 궁구하려면
다른 것들은 보이지 않나니.

그 후 대주 군수가 해탈화상을 청하여 동헌에서 보살계를 받고, 오대산으로 돌아오는 길에 날이 저물었다. 향을 사르고 예불을 할 수가 없어 길가에서 어떻게 할까 하고 망설이고 있는데, 공중에서 이런 소리가 들려왔다.

합장은 연꽃이요
이 몸이 공양거리
선한 마음 향이 되고
찬탄하는 구름 퍼져

부처님이 향 맡고

와서 너를 건지리니
부지런히 정진하고
의심하지 말지어다.

그 후부터 널리 소문이 퍼져 진리를 탐구하는 이가
헤아릴 수 없이 찾아왔다.
그 가운데 선리를 깨달은 이도 10여 명이나 되었다.
50여 년을 교화하다가 종적을 감추고 말았다.

14. 문수보살의 화신 법순화상

당(唐, 618~907)나라 법순(法順)화상은 장안의 두(杜)씨니, 그래서 두순화상이라고도 하며 당시 유명한 재상 두여회(杜如晦)의 일가다. 젊어서부터 수 나라 문제(文帝, 581~604)가 존경을 하였기에 월봉(月封)을 공양하였다.

병든 사람을 앞에 앉히고 화상이 마주 앉으면 잠깐 동안에 병이 쾌차하고, 귀먹은 사람도 화상이 불러놓고 말하면 듣게 되고, 배 안의 벙어리도 화상이 가서 말하면 말을 하게 되었다.

미친 사람도 다른 이를 시켜 붙들어 앉게 하고 화상이 마주 앉아 선정에 들면 잠깐 동안에 정신을 회복하여 고맙다고 인사하고 물러가곤 하였다.

한번은 강을 건너게 되었는데 모시고 가던 시자가 겁이 나서 건너지 못하는 것을 화상이 데리고 물에 들어서니 강물이 흐르지 않았다. 그 신기함이 이러하였으나 화상은 태연하여 예사롭게 생각하였다.

화상은 화엄경의 종지(宗旨)를 잘 알아서 임금이 존경하였고, 대궐에 들어가 설법할 적에 황후와 비빈들도 존경하여 받들었다.

당나라 태종이 화상에게 물었다.

"내가 항상 더위를 타는데 화상의 신력으로 고쳐줄 수 없습니까?"

화상은 이렇게 대답하였다.

"폐하께서 성덕(聖德)이 거룩하사 천하를 다스리시나니 조그만 병을 근심할 것 없나이다. 죄인들에게 특사(特赦)를 내리시면 자연히 회복하리이다."

임금이 그 말대로 하여 병이 나으니 당호를 내려 제심조사(帝心祖師)라 하였다.

화상은 일찌기 '법계관문(法界觀門)'을 지어 화엄경을 풀이하였고, 그 제자 지엄존자(智儼尊者)는 화상의 학설을 선전하였으므로 화엄의 제 3조라 하였다.

화상의 제자 지충(智沖)이 문수보살을 친견하기 위하여 오대산에 갈 때, 화상이 편지를 주면서 '문수보살을 보거든 이 편지를 뜯어보라' 하였다. 지충이 오대산에 들어가 깊은 골짜기와 높은 봉우리를 두루 다니다가 우연히 한 노인을 만났다.

노인이 물었다.

"그대는 고달픈 줄도 모르고 애써 다니는데 무엇을 구하는가?"

지충: "문수보살을 뵈오려는데 어디 가면 만나겠습니까?"

노인: "문수보살이 장안에 가서 중생을 교화하느라고 아직 돌아오지 않았는데 어떻게 여기에서 만날 수 있겠는가?"

지충: "장안에 가셨다면 누구오이까?"

노인: "법순화상이 문수니라."

지충이 발걸음을 돌리는 사이에 노인은 사라지고 보이지 않았다. 뜯어보니 게송이 있었다.

나그네 이리 저리 돌아다니며
오대산 비탈길을 얼마나 헤매더냐
문수보살 여기 있는데
미타(彌陀)에게 물어 무엇하리오.

지충이 바쁘게 장안에 돌아오니 화상은 이미 입적한 뒤였다. 때는 정관(貞觀) 14년(640년) 5월이었다.

15. 불정존승다라니경 외운 이야기

　당나라 때 불타파리는 계빈국 사람으로 도를 구하기에 몸을 잊고 사방으로 불보살의 신령한 자취를 구하여 다녔다. 중국에 문수보살 계신 곳이 있다는 말을 듣고 사막을 건너서 의봉(儀鳳) 1년(676)에 중국에 이르러 오대산의 남쪽 사양령에 올라갔다.

　무성한 수풀은 하늘에 닿았고 땅에는 아름다운 꽃이 깔려 있었다. 오대산의 다섯 봉우리를 쳐다보고 환희한 마음을 금할길 없어 엎드려 절하고 공중을 향하여 하소연하였다.

　"여래가 열반하신 뒤로 여러 성인이 자취를 숨기었으나, 문수대성(文殊大聖)만이 자비가 그지없으사 이 산중에서 중생을 건져 주시며 보살을 교화하시나이다. 저는 험난한 세상에 태어나서 성인을 뵈옵지 못함을 원통하게 생각하옵고 사막을 건너와 예배하옵나니, 바라옵건대 자비를 드리우사 거룩한 존안(尊顏)을 친견케 하옵고 성스러운 말씀을 듣게 하여지이다."

　말을 마치고 슬피 울면서 산을 향하여 예배하니, 문

득 한 노인이 골짜기로부터 나타나 바라문의 말로 불타파리에게 말했다.

"너는 도를 구하려고 멀리 와서 보살의 자취를 찾는구나. 이 나라 중생들은 죄업을 많이 짓고 출가한 사람들도 계율을 지키지 않는다. 서역(西域)에는 불정존승다라니경(佛頂尊勝陀羅尼經)이 있어서 중생의 죄업을 멸하는데 너는 그것을 가지고 왔느냐?"

"저는 급히 서둘러 떠나 오느라고 미처 가지고 오지 못하였나이다."

"경도 가지지 않고 와서 무엇 하려느냐. 설사 문수보살을 만나더라도 알지 못할 것이다. 너는 빨리 돌아가 그 경을 가지고 오너라. 그리하여 이 나라의 고통받는 중생을 구제하면 곧 부처님도 친견하고 공양할수 있을 것이니, 어찌 문수보살만을 만날 뿐이겠느냐."

불타파리는 이 말을 듣고 환희하여 노인에게 절하고 일어나니 노인은 간 곳이 없었다. 기쁘고 슬픈 마음이 함께 얽힌 그는 서역으로 다시 돌아가서 정성을 다하여 불정존승다라니경을 구해 가지고 홍도(弘道) 1년(683)에 장안으로 돌아왔다.

불정존승다라니경을 가지고 왔노라고 임금님께 말씀드렸더니, 고종(高宗) 황제가 크게 기뻐하면서 일조삼장(日照三藏)에게 명을 내려 불타파리와 함께 다라니경을 번역하게 하였다. 번역이 끝나매 불타파리에게 비단 3천 필을 하사하고 경은 대궐 내에 두었다.

불타파리는 울면서 다시 여쭈었다.

"제가 목숨을 걸고 경을 가져 온 뜻은 중생을 제도하기 위함이옵고 부귀를 탐한 것이 아니오니, 원컨대 폐하는 만 백성을 평등하게 사랑하시는 뜻을 드리우사 그 경을 널리 퍼뜨리게 하옵소서."

고종은 그 뜻을 가상히 여겨 번역한 경은 궐내에 두고 범본(梵本)을 도로 내주었다. 불타파리는 범본을 가지고 서명사(西明寺)에 가서 정순(正順)스님과 함께 다시 번역하였고, 그 뒤 범본을 가지고 오대산 금강굴(金剛窟)에 들어가서 다시는 나오지 않았다.

혹은 말하기를 '불타파리가 금강굴에 들어가니 광명이 찬란한 곳에 문수보살이 엄연하게 계심을 보고 굴 밖에 있는 동행한 사람을 부르러 나왔더니, 별안간 거룩하던 경계가 없어지고 쓸쓸한 굴만 남게 되었다. 불타파리는 바위에 앉아서 죽었는데, 존승다라니는 세상에 유통되었다' 한다.

화엄경에는 이런 게송이 있다.

화장세계(華藏世界)의 수없는 티끌
그 티끌마다 낱낱이 법계가 있고
광명 속에 구름같이 모이는 부처님
이것이 여래의 국토에 자재하심이다.

그러므로 금강굴은 성인의 경계이지 범부의 경계라 할
수 없으며, 불타파리가 한 번 들어가서 나오지 않았다
면 보살의 화신으로 나타내는 일이요, 나와서 앉아 죽
었다면 범부를 떠나서 성인에 참예함이리라.

16. 문수·보현보살에게 화살을 쏘다

당나라 안문태수(雁門太守) 이정(李靖)이 서울에 있을 때에 스님네를 공경하더니, 뒤에 어떤 중이 계행을 어기는 것을 보고 괘씸한 생각이 들어서 불교를 없애려 하였다.

그래서 대주자사(代州刺史)가 되어 절을 모두 철폐하였고 오대산과 중대(中台)에서 말을 달려 사냥하다가, 어떤 중이 여자와 한 곳에서 목욕함을 보고 매우 분노하여 활을 쏘아 맞추었다. 그리고 바라보니 그 중은 한 어깨를 벗어 드러내고 동남쪽으로 가는 것이었다.

곧 말을 몰아 따라갔으나 몇 걸음 앞섰는데 붙잡을 수가 없었다. 진용원(眞容院)까지 따라가서 보니 문수와 보현 두 보살 등상에 화살이 꽂혀 있는 것이 아닌가. 이정은 눈물을 흘려 참회하고 물러갔다.

17. 부처 성품을 보여주다

당나라 무착(無着)선사는 영가(永嘉)에 살던 동씨(董氏)이다. 천품이 영특하고 마음이 거룩하더니 열두 살 적에 용천사(龍泉寺)의 의율사에게 의지하여 머리를 깎고 대승경전 수만 게송을 외웠다. 천보(天寶) 8년(749)에 학업이 우수하여 득도하고, 21세에 스님의 업을 계승하여 계행이 엄정하였으며, 다시 금릉(金陵) 우두산(牛頭山)에 나아가 충선사(忠禪師)에게 참선하는 방법을 묻고, 부지런히 공부하여 잠깐도 쉬지 아니하였다.

충선사는 이렇게 말하였다.
"그대는 너무 총명한 것이 허물이 되어 진리와는 멀어지나니, 만일 총명한 허물만 없다면 크게 깨달으리라. 삼세의 모든 부처님이 중생의 마음 밖에는 한 가지 법도 얻음이 없느니라.
요술 같은 눈병이 없어지면 허공은 본래 청정하니리라."
무착이 이 말을 듣고 법을 보는 눈을 뜨게 되어 각지로 유람하려던 생각이 없어지고 산중에 있기로 결심하였다.

대력(大曆, 766~779) 때에 오대산에 들어가 화엄사에
머물면서 경루(經樓) 아래 앉아 사흘 동안 좌선하노라
니 새벽녘에 흰 광명이 동북방으로부터 뻗쳐와 무착의
머리에 비치더니, 얼마 후에 사라지고 무착은 몸과 마
음이 상쾌하여 법열(法悅)을 얻었다.

　날이 샐 무렵에 광명이 뻗치던 곳을 찾아 동북쪽으
로 가다가 누관곡(樓觀谷) 어구에 이르러 성인이 계신
곳이라 생각하고 백 번 절하고 앉아 쉬다가 잠깐 잠이
들었다. 소 모는 소리를 듣고 깨어 보니 어떤 노인이
칡 베옷을 입고 소를 끌고 앞으로 지나가는 것이었다.

　무착은 절하고 물었다.
“노인은 어디서 오시나이까?”
“산중에서 동냥하다 오노라.”
“댁은 어디오니까?”
“이 골짜기 안에 있노라.”
이번에는 노인이 무착에게 물었다.
“그대는 어디로 가려는가?”
“금강굴을 찾아가는데 길을 모릅니다.”
“내 처소에 가서 쉬면서 차나 한 잔 마시세.”

무착이 노인을 따라서 북으로 50걸음쯤 가니 거기 정결한 집이 있었다.

노인이 '군제야!' 하고 부르니 동자가 나와서 소를 끌어 들어가고, 노인은 무착을 데리고 방으로 들어갔다. 땅은 평평하고 깨끗하기 유리와 같았고 방안과 도구들은 세상에서 흔히 볼 수 없는 것이었다.

주객이 마주 앉은 후 노인이 물었다.
"그대는 어디로부터 오는가?"
무착: "남방에서 옵니다."
노인: "좋은 염주를 가지고 왔는가?"
무착: "변변치 못한 것을 가졌습니다."
노인: "내게 보여줄 수 없는가?"
무착은 염주를 노인에게 주었다.
노인: "그대의 것을 내놓게."
무착: "그것이 내 염주올시다."
노인: "그대의 것이라면 어째서 남방에서 왔다 하는가?"

이때 동자가 파리잔(玻璃盃)에 차를 따라 가지고 들어와 한 잔은 무착의 앞에 놓고 한 잔은 노인에게 드렸다.

노인은 찻잔을 들면서 물었다.

"남방에도 이런 것이 있는가?"

무착: "없습니다."

노인: "이런 것이 없으면 무엇으로 차를 먹는가?"

무착: "……"

노인: "남방에는 불법을 어떻게 행하는가?"

무착: "말법(末法) 비구라 계율을 지키는 이가 드뭅니다."

노인: "대중은 얼마나 되는가?"

무착: "3백 명도 되고 5백 명도 됩니다."

이번에는 무착이 노인에게 물었다.

"여기는 불법이 어떻게 유지됩니까?"

노인: "용과 뱀이 혼잡하고 범부와 성인이 섞여 있다."

무착: "대중은 얼마오니까?"

노인: "앞에도 셋씩, 뒤에도 셋씩(前三三 後三三)…"

노인은 또 물었다.

"무슨 일을 하는가?"

무착: "반야로 마음을 닦으려 하오나 요령을 얻지 못하였나이다."

노인: "얻지 못하는 것이 요령인 걸…"

노인이 다시 물었다.
"그대는 처음 출가하여서부터 무엇을 구하는가?"
무착: "부처 되기를 구하나이다."
노인 "첫 마음에 얻느니라. 나이는 몇 살인가?"
무착: "서른 한 살이올시다."
노인: "38세에는 복이 오겠군. 여기서는 천천히 다니게. 발을 상하기 쉬우리. 나는 피곤하여 한잠 자겠으니, 그대는 그만 가게."
무착: "날씨도 저물었으니 하룻밤 쉬었으면 하나이다."
노인: "그대에게는 두 동무가 있으니 그것이 미련이야! 그래서 여기서는 잘 수가 없네."

무착: "저는 본래 동무도 없고 미련도 없습니다."
노인: "그대 미련이 없다면 왜 여기서 자자고 하는가? 미련이 있으니까 그것이 동무 아닌가? 그대는 가사를 가졌는가?"
무착: "비구계를 받은 후부터 항상 가사와 바리때를 가지고 있나이다."
노인: "그래, 중은 할 수 없는 일이 아니면 가사를

떠나지 않는 법이지. 잘 가게나."

무착은 하직하면서 또 물었다.
"의심나는 일이 있사와 여쭈려 하나이다. 오탁악세(五濁惡世)에 있는 중생이 선근이 없사오니, 어떻게 하오면 해탈할 수 있겠나이까?"
노인은 게송으로 대답하였다.

사람이 잠깐 동안 좌선하는 것은
칠보탑을 쌓은 일보다 나으니
칠보탑은 필경에 티끌 되지만
좌선은 깨달음을 이루게 되리.

게송을 마치고 동자를 시켜서 무착을 바래나 주라 한다.
무착은 동자에게 물었다.
"아까 노인 말씀에 '앞에도 셋씩, 뒤에도 셋씩'이라 하셨는데 그게 얼마인가?"
동자는 말하였다.
"금강신(金剛神)의 등 뒤에 있는 것입니다."
무착은 어리둥절하여 떠나면서 물었다.
"금강굴이 어디 있는가?"

동자는 몸을 돌려 가리켰다.

"이것이 반야사(般若寺)입니다."

무착이 그 말을 듣고 돌아보니 동자도 절도 간 곳 없고, 다만 산 빛이 창창한데 숲만 우거졌을 뿐이었다. 한편 처량하고 한편 사모하여 한참 주저하노라니 문득 이상한 구름이 사방으로 퍼지면서 둥근 광명이 거울처럼 비치었다. 여러 보살의 그림자가 오락가락하는 듯 조병(藻瓶)과 육환장과 연꽃과 사자들이 어렴풋이 보이는 것이 아닌가.

무착선사(無着禪師)는 이때에 감개가 무량하여 한 게송을 읊었다.

온 누리가 그대로 성스러운 가람(伽藍)일세
눈에 가득히 문수보살 만나 대담하였으나
언하(言下)에 알아듣지 못하였으니 어찌하랴
고개 돌려 바라보니 옛 산과 바위뿐일세.

화엄사에 돌아와서 지난 일을 대중에게 자세히 말하고, 그 뒤 금강굴 앞에 서서 죽었다.

18. 여형율사가 가사를 받다

명(明, 1363-1661)나라 여형(如馨)율사의 자는 고심(古心)이며 강소성(江蘇省) 율양현(溧陽縣)의 양(楊)씨였다. 가정(嘉靖, 1522~1566) 때에 서하소암(棲霞素庵)에서 중이 되어 율사로서의 다섯 가지 덕(① 계율을 지키고 ② 안거(安居)를 엄수하며 ③ 율장을 이해하고 ④ 선정을 닦고 ⑤ 삼장을 연구하는 것)을 엄정히 행하며 예불과 송경을 부지런히 하고 3년이 되도록 스승을 시봉하였다.

그때 경을 공부하는 사람은 많았으나 계율을 숭상하는 이는 드물었다.

이에 여형은 탄식하고 '불법이 세상에 널리 유포되려면 계율에 힘써야 하나니, 율학을 전공하여 부처님 은혜를 갚으리라' 결심하였고, 화엄경을 보다가 문수보살이 오대산에 계시는 줄을 알았다.

문수보살을 친견할 생각으로 바랑을 지고 길을 떠나 3년 만에 오대산에 이르러 금강굴 앞에서 서산에 넘어가는 해를 보면서 주저하노라니, 어떤 할머니가 흰 머리에 헌 옷을 입고 가사를 받들고 숲속에서 나오면서 그를 부르는 것이었다.

"스님, 성인을 뵈오려고 불원천리 오셨구려. 이 가사는 아들이 옛날에 입던 것인데 어쩌다가 중간에 안 입게 되었기에, 지금 스님에게 주는 것이오. 문수보살은 만나기 어려우니 애쓰지 마시오. 설사 보더라도 알지 못하면 무슨 이익이 있겠소."

여형율사는 아무 말도 못하고 있는데 할머니가 두어 걸음 떠나 가다가 말하는 것이었다.

"스님, 내가 문수요."

여형이 곧 따라가서 붙잡으려 했으나 할머니는 간 곳 없고 가사만 손에 들려 있었다.

할 수 없이 눈물을 흘리며 돌아섰다.

그 절에 있는 스님의 꿈에 신장이 와서 말하기를,

"우바리(優波離) 존자가 올 터이니 가서 영접하라"고 말하였다. 그래서 대중이 서로 전하여 신도들까지 향과 꽃을 가지고 길에 줄을 지어 공양했다.

여형은 묘덕암(妙德庵)에 있으면서 오대산의 다섯 봉우리에서 광명을 놓은 것을 보았는데, 광명 속에서 문수보살이 손으로 정수리를 만져 주자 마음이 환히 열리었고, 다시 여러 곳으로 행각하면서 승속의 귀의를 많이 받았다.

금릉(金陵)의 길상리(吉祥里)에 이르러 고림사(古林寺)를 짓고 있으니, 여러 스님들이 몰려와 법회가 흥왕하게 되었다.

신종(神宗)황제가 조칙을 내려 오대산으로 오게 하고, 내시 장연(張然)을 보내 황제를 대신하여 보살계를 받게 했는데, 여형이 법좌에 오르니 오색구름이 공중에 서리었다.

내시가 서울에 돌아가 사연을 아뢰니, 황제는 혜운율사(慧雲律師)라는 호를 내리고 금정비로관(金頂毘盧冠)과 가사·바리때·석장을 보내어 원만한 공덕을 기렸으며 일을 마치자 이내 고림사(古林寺)로 돌아왔다.

19. 보살의 원력으로 만연암에 이르다

청나라 통리(通理)선사의 자는 달천(達天)이니, 직예성 기주 신하(直隸省 棄州 新河) 땅의 조씨(趙氏)다. 강희(康熙) 40년(1701)에 태어났는데 상호(相好)가 구족하고 일곱 군데가 원만하며(여래 32상의 하나. 두 손과 두 발바닥과 두 어깨와 두상頭上의 일곱 군데가 평만平滿하고 단정한 것) 손이 무릎을 지나고 이가 40개였다.

비구계를 받고 강당에서 공부하는데 모든 경전이 미리 읽은 것 같아서 한 번 보면 깊은 이치를 알았다.

34세에 서울에 가서 서산 유광사(西山遺光寺)에서 화엄경을 강설할 적에, 원근 각처에서 승속이 모여 와 모두 법열을 느끼었다. 청량(淸凉)대사의 소를 보다가 오대산에 문수보살이 있는 줄을 알고 찾아서 만연암(萬緣庵)에 있으면서 보은경(報恩經)을 강하여 오대산에 공양하였다.

하루는 북대에 올라갔더니 날이 맑고 경치가 아름다운데 흰 구름이 일어나서 은빛이 찬란하였다.

날이 저물자 길을 찾을 수가 없었다. 선사는 속으로 보살이 길을 인도하기를 기원하면서 절하고 일어나니,

어느 새에 만연암 앞에 이르러 있었다. 환희한 마음으로 절에 들어가서 문수보살의 인도로 왔노라 말하고, 보살을 예찬하는 게송을 지었다.

　보살의 자비 헤아릴 수 없어
　60리 넘는 길을 어느덧 왔노매라.

　건륭(乾隆) 18년(1753)에 황제의 명을 받아 승록사(僧錄司)를 관리하면서 염화사(拈花寺) 주지가 되니, 자색 가사를 하사 받았다.
　건륭 45년 가을에 서장(西藏)의 반선라마(班禪羅馬) 얼이더니(乞爾德尼)가 북경에 와서 건륭 황제의 칠순을 축하하는 자리에서 선사를 만나 불법의 대의를 듣고 감탄하여 향과 천을 선사하였으며, 황제는 천교선사(闡教禪師)라는 호를 하사하였다.
　건륭 47년(1782) 6월 13일 상좌들에게 말하였다.
　"내 나이 80여 세가 되도록 잠깐도 불법을 떠나지 않았는데, 지금 불법이 있는가 없는가?"
　대중이 대답이 없었다.
　선사는 웃음을 머금고 세상을 떠나니, 춘추가 82세다. 저술에는 법화경소·능엄경소·원각경소·금강경소·우란분경소·오교의소(五教義疏)등이 있다.

20. 마음을 따라 황금 등을 보다

청나라 조원(照遠)화상은 산서성 태원(山西省 太原) 사람으로 속성은 왕씨다. 조원촌(棗園村) 영녕사(永寧寺)에서 중이 되고 벽운(碧雲)화상의 법을 받았는데 태원군 대숭선사(大崇善寺)에 있었다. 건륭 초년에 오대산에 가서 대라정(大螺頂)에 올라가 등불을 뵈오려고 예배하였다. 한 번 절하고 일어나기도 전에 오대의 꼭대기마다 수백 개의 등이 찬란하게 나타나며 산천이 휘황찬란 하다가, 예배를 마치니 나타났던 등이 모두 탑원새(塔院寺)의 탑 속으로 들어갔다.

화상은 남달리 영특하고 세상 일에는 매우 담박하며 명산 승지를 목마르게 갈망하여 유명한 산을 모두 찾아보았다. 오대산에는 특별한 관심이 있어 열세 번을 들어갔고 여름에 안거한 것만도 아홉 차례였다. 건륭 35년(1770)에 다시 오대산에 들어가다가 대회(臺懷)에서 제자 20여 명을 만났는데, 화상에게 말하였다.

"저희들이 여기 와서 사흘 동안 등불을 뵈오려 하였

으나 한 번도 보지 못하였습니다.”

"나는 열세 번을 들어왔는데, 올 적마다 보았노라. 그대들이 등불을 보려면 나를 따라 오너라.”

여러 사람들은 듣고도 따라오지 않았고 오직 정종주(程宗周)만이 따라왔다. 대라정에 이르러 초저녁에 등불을 뵈오려고 기도하는데 세 번쯤 절하였을 적에 다섯 대(五臺)에 무수한 황금 등불이 나타나는 것이 아닌가. 종주는 등을 보고 대단히 좋아하면서 대회로 돌아갔다.

화상이 범선령(梵仙嶺)을 가리키면서 여러 사람에게 말하기를 “여기가 보살이 가끔 나타나는 곳이다” 하니, 여러 사람들은 행여나 하고 바라보는데 구름 속에 금색 사자가 보이면서 풍경 소리가 은은히 들리고 하늘에는 찬란한 광선이 퍼지고 있었다.

여러 사람이 엎드려 절하고 보니 구름이 스러지고 다시 나타나지 아니하였다.

21. 도의선사가 보살을 만나다

당나라 도의(道義)선사는 강동(江東) 사람으로서 구주(衢州)의 용흥사(龍興寺)에서 수도하였다. 전신이 미려하고 골격이 청수하여 풍채는 사람을 놀라게 할 만하였다. 개원(開元) 24년(736)에 항주에 있는 보수(普守)와 도반을 맺어 오대산에 가서 청량사(淸凉寺)에 머물렀다. 두 사람이 성지(聖地)를 찾아 동북으로 향하여 가는 도중 도의선사는 이렇게 생각하였다.

'말세를 당하여 성현이 나타나지 않는데, 이 오대산에는 보살의 자취가 남아 있어서 간 곳마다 신비한 경계가 가끔 보이고, 진금 상호(眞金相好)와 백호 광명(白豪光明)이 뜻밖에 나타난다 하거니와, 번뇌 망상으로 업장이 두터워 성인의 면목을 뵈올 수 없으니 가탄할 일이다.'

이렇게 탄식하며 허공을 바라보고 머리를 숙이며 고달픈 줄도 모르고 일심정념으로 여러 달을 다니면서 견고한 믿음이 조금도 해이하지 않았다.

두 사람이 남대의 서북령에 다달았을 적에, 한 노승

이 흰 코끼리를 타고 오는데 동안 백발(童顔白髮)에 풍채가 엄연하였다.

　두 사람이 길을 피하면서 머리를 조아리니 바람처럼 지나가고, 머리를 들어 바라보았으나 간 곳을 알 수 없고 따라가려 하였으나 찬 바람이 갑자기 일어나서 청량사로 돌아왔다.
　이튿날 다시 서북령에 올라갔더니 코끼리 탔던 노승이 육환장을 짚고 오다가 도의에게 말하는 것이었다.
　"그대들은 빨리 가면 낮 재(齋)에 참여할 수 있으리라."

　도의: "스님은 어디로 가십니까?"
　노승: "나는 태원(太原)에 있는 위(韋)씨 댁에 공양받으러 가는 길이다. 그대는 멀리 가자 말고 있다가 돌아오는 길에 만나자."
　도의가 절을 하고 일어나니 동안 노승은 이미 멀리 가고 말았다. 도의는 보수와 함께 정재소(淨齋所)에 가서 낮 공양에 참여하게 되었다. 도의는 이상하게 생각하고 '이 말을 누설하지 말라'고 보수에게 당부하였으나, 보수는 '산 중에는 그런 일이 가끔 있는 것이다' 생각하고 대수롭지 않게 여겼다.

얼마 후에 두 사람은 승당에서 나와 숲속을 거니는 데 보수는 앞서 가고 도의는 노인의 말을 생각하고 천천히 걸으면서 기다렸다.

문득, 누렁 장삼에 미투리를 신은 동자가 숲속에서 나와 도의를 보고 합장하고 말했다.

"내 이름은 각일(覺一)입니다. 스님의 분부가 구주(衛州)의 아사리 도의선사(阿闍梨 道義禪師)를 청하여 차를 대접하라 하시나이다."

도의는 보수를 불렀으나 어디 갔는지 볼 수가 없었다. 혼자서 동자를 따라 동북쪽으로 백여 걸음을 가니 금교(金橋)가 보였다. 다리에 올라서서 바라보니 큰 절이 있는데, 삼문과 전각과 승당과 담이 모두 황금빛이요, 복판에 삼층 누각이 있는데 금 단청이 찬란하여 정신이 황홀하고 땅은 모두 푸른 유리로 깔렸으매 어안이 벙벙하여 어찌할 줄을 몰랐다. 가까스로 정신을 가다듬고 지성으로 '나무 문수사리보살'하며 몇 마디 외웠더니 정신이 진정되었다.

동자를 따라 동쪽의 제일원(第一院)에 들어가니, 코끼리 탔던 노승이 승상에 앉았다가 말한다.

"대사, 어서 오시오."

도의는 위의를 갖추어 예배하고 꿇어앉아 일어나지

아니하였다. 노승이 동자로 하여금 붙들어 일으켜 자리를 깔고 앉게 하였다.

도의는 그제야 비로소 문안을 여쭈었다.

"화상께서 공양을 받으시는 길에 불편은 없으셨나이까. 단월의 정성이 지극하더이까. 먼 길을 어떻게 빨리 오셨나이까?"

노승: "대사, 길에는 불편이 없었고, 단월은 지성으로 대접하였으며, 길은 본래가 먼 것이 아니니 돌아오는 것에 어찌 빠르고 더딤이 있겠소."

도의: "화상은 무슨 법으로 사람을 교화하시나이까?"

노승: "봄 나무는 아미타불, 가을 꽃은 관세음보살."

도의: "여기가 사바세계이오니까, 극락정토이오니까?"

노승은 총채로 성상을 한 번 치고 말하였다.

"대사! 아는가?"

도의: "알지 못하나이다."

노승: "그대가 알지 못한다는 것은 사바인가, 정토인가?"

도의: "제가 그동안 산에 다닐 적에는 언덕이요 초목 뿐이더니, 지금 이곳은 금과 옥의 찬란한 누각과 전당이옵기에 정토인지 사바인지 알 수 없사오며, 범부와 성인을 분별할 수 없나이다."

노승: "용과 뱀이 한 데 섞이고, 범부와 성인이 함께 산다는 말을 듣지 못하였는가? 그대의 분별하는 소견만 없어진다면 성인과 범부가 어디 있겠는가!"

말을 마치자 동자는 약차를 따라 권했다. 도의가 차를 마시니, 이상한 향기와 아름다운 맛은 세간에 있을 수 없는 것이요, 먹고 나니 육근이 맑아 경쾌하기 비길 데 없었다.

노인은 동자로 하여금 도의를 인도하여 여러 곳을 구경시켰다. 동자를 따라서 열두 곳의 큰 건물과 식당을 두루 다니며 보니, 많은 스님들이 경론을 토론하고, 혹은 잠자코 좌선하는 위의가 놀라운데, 몇 백, 몇 천인지 수효를 알 수가 없었다.

도의는 동행하던 보수가 앞서 가서 이 거룩한 회상에 참배하지 못한 것을 가엾게 생각하고 문에 나가서 부르려 하였으나, 돌아보니 절은 없어지고 쓸쓸한 수풀뿐이 아닌가. 그지없이 탄식하면서 보수를 만나 돌아갔고 그 뒤에 다른 사람들이 그 자리에 금각사(金閣寺)를 지었다.

22. 통현장자, 문수보살에게 화엄경을 배우다

　　당나라　이통현(李通玄) 장자가　오대산에　갔다가 선주원(善住院)에서　이상한 스님을　만나　화엄경의　대 의를　들었다.　해가　저물자 스님이　떠나려　했다.

　　"날이　저물었는데　어디 로　가려오?"　하고　물으니, 스님은　북쪽　산을　가리키 고 날듯이　가버렸다.

　　밤이　되매　산봉우리에　화광이　충천하기에　주지에게 무슨　불이냐고　물으니,　주지는　산불이　났는가　보다고 대답했다.

　　장자는　생각하기를 '그　스님이　저리로　갔으니　반드 시　신기한　광명일　것이고　불이　아니리라' 하고,　지팡이 를　짚고　산꼭대기로　올라가는데　따라오는　이가　없었다. 꼭대기에　올라가　보니　불빛은　더욱　치성하여　둘레가 한　마장쯤　되고,　그　속에는　붉은　자금당기(紫金幢旗)를 세우고, 이상한 스님이 그 아래 앉아 있었다. 임금의 복색을 차린 이가 수 백 명 둘러앉았고, 말하는 소리가 명랑하나 뜻은 알 수가 없었다. 장자는 이렇게 생각하였다.

'만일 내가 저 불속에 들어가서 성인을 뵈온다면 타죽어도 유감이 없으리라.'

장자는 곧 몸을 날려 그 불빛 속에 들어가니 기분이 시원하고 유쾌하기 한량없었다.

앞에 나아가 예배하려는 순간 그 스님과 대중은 어디론지 사라졌다. 장자는 그 자리에 사흘 동안 앉았다가 산에서 내려왔다.

서쪽 골짜기에 갔더니, 두 동자가 지나가는데 눈이 유난히 반짝이며 하늘 옷을 입고 표연히 걸어갔다. 장자가 머리를 숙여 인사하였다.

동자가 말했다. "전번 날 밤에 우리 스님의 광명 속에 뛰어든 이가 당신이 아닙니까?"

"그러하오. 그대의 스님은 누구신가?"

"우리 스님은 묘덕(妙德)이십니다."

장자는 옷을 붙들고 따라가려 하였다.

동자가 말했다. "당신은 화엄경을 널리 펼 원을 세우고서 왜 잊었습니까?"

그러고는 어디론지 가버렸다.

장자는 "보살이 화엄경 대의를 일러 주었으니, 화엄론을 지어 경을 해석하리라" 결심하였다.

그러나 이곳은 너무 추우므로 남쪽으로 우양현(盂陽縣)의 방산(方山)에 가서 바위 구멍을 파고 있으면서 논을 지었다. 잣나무 잎에 대추를 섞어서 엽전 크기로 떡을 만들어 하루에 일곱 개씩 먹었다.

그래서 사람들이 조백대사(棗柏大士)라 불렀고, 입으로 광명을 놓아 촛불을 대신하였으며 호랑이가 경을 싣고 다녔고 선동이 물을 길러왔다. 화엄론 40권과 결의론(決疑論)을 지어 세상에 펼치었다.

개원(開原) 28년(740) 봄에 방산의 돌집에서 삼매에 들어 입적했다.

23. 염통을 씻고 지혜가 생기다

 당나라 법운(法雲)대사는 중국 안문군(雁門郡)의 조(趙)씨로서 성품이 순박하여 남이 헐뜯거나 칭찬하거나 생각이 담담하였다.

 어려서 글방에 갔으나 둔하여 글을 외우지 못하였고, 12세에 오대산 화엄사 정각(淨覺)선사에게 가서 머리를 깎고 나무 하고 밥 짓기에 고달픈 줄을 몰랐다.
 36세가 되도록 글을 외우지 못하여 대중이 소라고 불렀다.

 법운이 하루는 한탄하기를 '이렇게 어리석은 바보가 오래 살면 무엇 하랴' 하고, 큰 눈이 퍼붓는 것도 불구하고 맨발로 5대를 순례하면서 일심으로 문수보살을 생각하며 보살을 만나 총명을 얻으려 하였다.
 이렇게 돌아다니느라고 추워도 옷 입는 생각이 없고, 먹어도 맛을 몰랐으며, 안으로는 자신의 몸과 밖으로는 지닌 물건도 잊어버리고 문수보살만 찾았다.
 사람을 만나기만 하면 문수보살이 어디 계시느냐고

물으면서 5대를 두루 돌았지마는 보살은 찾을 수가 없
었다.

절에 와서 밥을 얻어먹으면서도 뜻은 더욱 간절하여
마치 미친 사람 같았다.

다시 동대로 갔더니, 어떤 노인이 불을 쪼이고 있었
다. 나아가서 문수보살이 어디 계시느냐고 물으니 노인
이 말했다.

"그대는 문수보살을 왜 찾는가?"

"제가 하도 우둔하여 보살을 만나면 총명케 하여 주
시기를 바라서 입니다."

"이 말라깽이 천치야, 너는 그를 만날 필요가 없어."

법운은 미친 늙은이라 생각하고 북대로 갔더니, 그
노인이 거기서는 눈(雪)을 안고 있는 것이 아닌가.

이상하게 생각하며 참말 문수보살인가 여겨 앞에 나
아가 절을 하였다.

배가 고프고 몸이 얼고 피곤하여 쓰러져, 입으로 피
를 토하고 꿈꾸는 듯 정신이 혼미하였는데, 노인이 이
렇게 말하는 것이다.

"그대가 전생에 법사가 되어서 남의 이양(利養)을 탐

내어 불법을 잘 말하여 주지 않은 탓으로 죽어서 소가
되어 그 빚을 갚았고, 불법을 배워 익힌 공덕으로 지
금은 다행히 사람이 되었으나 불법을 아끼던 버릇 때
문에 외울 총기가 없어졌느니라” 하면서 철여의(鐵如
意) 끝을 뱃속에 넣어 염통을 꺼내어 보이는데 마치
소 염통 같았다.

노인은 샘물에 씻어서 다시 넣어 주고 일어나라고
외쳤다. 꿈을 깨듯이 일어나니, 아픈 데는 없고 전신에
땀이 흘렀다.

노인을 찾았으나 간 곳이 없고 상서로운 구름이 일
어나고 부드러운 바람이 옷에 스칠 뿐이었다.

하늘을 바라보니 둥근 광명이 거울같이 밝은데 그
노인이 연꽃 위에 앉아서 황홀하게 지나갔다.

법운은 그 후부터 전생에 익혔던 경전이 완전히 기
억되어 마치 옛 것을 다시 찾은 듯하였다.

몸이 다하도록 불도를 닦으며 발등에 불을 끄듯 하
더니 하루 저녁은 아육왕탑(阿育王塔)을 돌다가, 3경쯤
되어서 흰 광명 줄기가 북대로부터 취봉(鷲峰)까지 이
어진 것을 보았다. 금빛이 찬란한 누각이 있어 선주각
(善住閣)이란 현판이 달렸었다.

개원 23년(735) 봄에 대중에게 작별하고 입적했다.

24. 삼매 할머니의 신통

당나라 때 삼매 할머니는 내력을 알 길이 없고, 대력(大曆, 766~779) 때에 오대산 화엄령(華嚴嶺)에 살면서 한 번 선정에 들면 7일만에야 일어나므로 삼매 할머니라고 별명을 지었다.

귀신을 부르고 새와 짐승을 시켜서 숲속에 길을 내어 사방으로 통하고, 기운이 턱없이 세어 두려운 것이 없었으며, 걸음걸이가 쏜살같아서 운주(雲州)와 대주(代州)로 다니면서 밥을 비는 데 아침에 갔다 저녁이면 돌아왔다.

자선사업으로 돈 안 받는 숙박소를 차리고 굶주리고 헐벗은 사람들을 구제하니 찾아오는 이가 날로 늘어갔다. 죽 한 솥을 끓여 손수 쪽박을 들고 퍼 주면 사람이 아무리 많아도 배부르게 먹고 가게 되었다.

하루는 선정에 들어 죽을 푸지 못하자, 제자들이 대신하여 푸더니 죽이 모자란다고 했다.

삼매 할머니가 가서 주걱으로 죽을 저으면서 "모자라긴 왜 모자란다 하느냐" 하니 죽이 솥에 가득하여졌다.

언제나 오는 이에게 말하기를, "여러분, 3계가 불타는 집 같으니 여기 와서 보리의 인(因)을 지으라" 하였다.

얼마 뒤에 대주(代州) 군수가 요망한 사람이라 하여 찾아갔더니, 삼매 할머니는 미리 제자들에게 말하고 반석 위에 서서 죽었다.

저절로 불이 일어나 화장하고 재만 남았으므로 군수는 탄식하고 돌아갔다.

때는 정원(貞元) 3년(787) 2월이었다.

25. 장포를 몸에 두른 동자

송나라 소흥(紹興) 때(1131~1162) 태위(太尉) 여혜경(呂惠卿)이 불교와 유교의 경전을 통달하여 화엄경의 법계관(華嚴法界觀)을 주석하고 새로운 뜻으로 장자(莊子)를 해석하였다.

순시차(巡視次) 나다니다가 오대산에 갔더니 중대에 이르렀을 적에 갑자기 운무가 자욱하고 풍우와 뇌성이 심하여 골짜기를 뒤엎는 듯하였다. 신하들은 대경실색하여 숨었고 잠깐 동안에 이무기 같은 것이 구름 사이로 반쯤 몸을 나타내는 걸 보고 태위도 깜짝 놀랐더니, 얼마 있다가 날이 개였다.

바라보니 어떤 동자가 오는데 몸은 검고 머리는 풀어 헤쳤고, 발에서 어깨까지 장포로 둘렀는데 오른 팔을 드러내었고 패엽(貝葉)을 들고 혜경에게 물었다.

"대감은 무엇을 보고 그렇게 놀랍니까?"

혜경: "전세의 업장이 두터워 험악한 것을 만났노라."

동자: "이제는 다 사라졌습니다. 대감은 무슨 일로 오셨습니까?"

혜경: "문수보살을 뵈오려 왔노라."

동자: "보살을 보면 무엇 하렵니까?"

혜경: "화엄경을 보니 이치가 너무 어려워서 보살께 여쭈어 일러 주시면 소(疏)를 지어 해석하고 세간에 퍼뜨려서 어둠 속의 등불을 삼게 하며, 발심한 이들이 깨닫게 할까 하노라."

동자: "부처님의 미묘한 뜻은 사리에 순응하여 매우 분명하고, 예전 스님네가 잘 해석하였으며, 십지품(十地品)같은 글도 주석한 것이 몇 장을 지나지 않는데, 요사이 주석한 것은 백 권이 가깝도록 많아서 성인의 뜻이 되려 어렵게 되었으니, 그런 것은 대도(大道)를 깨뜨리는 것이오."

혜경: "동자의 얼굴은 그렇게 얌전한데 감히 선배들을 비방 하는가?"

동자는 웃으면서 말하였다. "대감이 잘못이오. 여기 있는 풀 한 포기 나무 한 그루가 모두 문수보살의 경계로서 당신이 지금 보고 듣는 것이 진정한 문수이거늘, 어찌 범부의 망상으로 소홀하게 생각하시오?"

혜경은 그제야 깨닫고 머리를 조아려 예배하였더니, 동자는 보살로 변하여 금사자를 타고 은은하게 구름 사이로 숨어 버렸다. 혜경은 그때에 본 '장포 두른 동자'의 화상을 그려서 세상에 전하였다.

26. 문수·보현보살께 정토법문을 배우다

여러 가지 수행하는 문이 있지마는 염불보다 나을 것이 없으며, 삼보에게 공양하고 복과 지혜를 닦으라. 이 두 문이 가장 긴요하나니라. 왜냐하면 나는 지나간 겁에 부처님을 관하고 부처님을 염하고 부처님께 공양한 인연으로 지금 일체종지一切種智를 얻었노라. 그러므로 모든 법과 반야바라밀다와 깊은 선정과 내지 여러 부처님이 모두 염불로부터 낳느니라. 염불하는 것이 여러 가지 법 중에 왕이니라. 너는 마땅히 위 없는 법의 왕을 항상 염하고 쉬지 말라.
-문수·보현보살이 법조대사에게(문수성행록)

문수보살님의 상주도량인 오대산

　당나라 스님 법조(法照)는 어떤 사람인지 알 수 없으나, 대력(大曆) 2년(767)에 형주(衡州)의 운봉사(雲峯寺)에 있으면서 부지런히 수행하였다.

하루는 큰 방에서 죽을 먹다가 보니 바리때 속에 5색 구름이 나타나고, 구름 속에 절이 보이고 절의 동북으로 50리쯤에 산이 있고 산 밑에는 시냇물이 흐르고 시내 북쪽에 돌문이 있었다. 문으로 5리쯤 들어가서 절이 있는데 대성죽림사(大聖竹林寺)라는 금자 현판이 걸려 있었다. 눈으로는 분명하게 볼 수 있었으나 마음으로는 어찌할 수 없었다.

그 다음에도 공양 때에 바리때에 비치는 5색 구름 속에 오대산에 있는 절들이 나타나는데 당은 모두 황금으로 되었고 산이나 숲은 없고 순전히 여러 가지 보배로 장엄한 못과 누각뿐이며 1만 문수보살이 그 안에 있고, 부처님의 청정한 국토들이 나타나서 공양이 끝난 뒤에야 사라졌다.

의심을 풀 수 없어서 큰 방에 가서 "오대산에 갔던 스님이 없느냐"고 물었더니, 가연(嘉延)과 담휘(曇暉) 두 사람이 "오대산에 가 보았노라" 하면서 이야기를 하는데, 바리때 속에서 보던 것과 영락없이 들어맞았으나 오대산의 형편을 알 길이 없었다.

대력(大曆) 4년 여름에 형주의 호동사(湖東寺)에 있는 누각에서 90일 동안에 다섯 차례의 염불도량을 베풀었는데, 6월 2일 미시(未時)에 멀리 바라보니 상서로운 구름이 오대산 절에 덮이고, 구름 속에 누각들이 있고, 누각 안에는 키가 9척이나 되는 여러 범승(梵僧)들이 석장(錫杖)을 짚고 거니는 것이 보였다. 형주에 있는 사람들은 아미타불이 문수보살·보현보살을 비롯하여 1만 보살과 함께 이 염불회상에 계신 것을 보았으며, 보는 이들은 너무 감격하여 눈물을 흘리고 예배하였는데 유시(酉時)에 가서야 사라졌다.

법조대사는 그날 저녁 도량 밖에서 어떤 노인을 만났는데 그는 이렇게 말하였다.

"대사는 이전부터 발원하기를 금색세계(金色世界)에 가서 보살을 뵈옵겠다 하더니, 왜 가지 않는가?"

"세월이 분분하고 길이 험한데 어떻게 가리이까?"

"빨리 가시오. 길은 그리 험하지 않을 것이오."

그리고는 어디론지 가버렸다.

법조는 크게 놀라 염불도량에 들어가서 거듭거듭 서원을 세우되, 여름 안거를 마치고는 떠날 터인데 아무리 길이 험하더라도 이 마음은 물러나지 않으리라 하였다.

그해 8월 13일에 남악(南嶽: 衡山)에서 동지 몇 사람과 함께 길을 떠나니, 길은 별로 험하지 않았다. 대력 5년 4월 5일에 오대현에 이르러 불광사(佛光寺) 남쪽에 두어 줄기 흰 광명이 뻗치는 것을 보았고, 이튿날 불광사에 당도하니, 모든 광경이 바리때 속에서 보던 것과 다르지 아니하였다.

그날 밤 4경에 한 줄기 광명이 북산으로부터 뻗쳐 와서 법조의 몸에 비치었다.

법조는 승당에 들어가 그 사연을 대중에게 말하고, "좋은 상서인가, 나쁜 징조인가?" 하고 물었다.

어떤 스님이 말하였다. "그것은 문수보살의 부사의한 광명이니, 인연이 있는 사람에게는 그런 일이 가끔 있느니라."

법조는 그 말을 듣고 즉시 위의를 갖추고 광명을 따라 50리쯤 가니, 과연 산이 있고 산 아래 시내가 있고 그 북쪽에 돌문이 있었다. 돌문 밖에 두 동자가 섰는데 나이는 열 살 미만이고 용모가 단정했다.

하나는 선재(善財)요 하나는 난다(難陀)라 하는데 법조를 보고 반겨 예배하고 인도하여 돌문으로 들어갔다. 북쪽으로 5리쯤 가니 황금 문루가 보이고, 문 앞에 다다르니 큰 절이 있고, 황금의 큰 글자로 현판을 썼는데 '대성죽림사(大聖竹林寺)'라 하였으니, 바리때 속에서 보던 바와 틀리지 않았다. 주위가 20리쯤 되고, 큰 방이 1백 20인데 방마다 보배 탑이 있고, 땅은 황금으

로 되었는데 냇물과 못과 꽃과 나무가 보기 좋게 둘러
있었다.

법조가 절에 들어가 강당에 이르니 서쪽에는 문수보
살이 동쪽에는 보현보살이 사자좌에 앉았는데 설법하
는 음성이 역력하게 들리었다. 문수보살의 좌우에는 만
여 명의보살이 있었고, 보현보살에게도 수없는 보살이
둘러 앉아 있었다.

법조는 두 보살 앞에 나아가 절하고 물었다.

"말세 범부이온데 부처님 가신 때가 멀어서 지식은
얕고 업장은 두터워 불성(佛性)이 나타날 도리가 없나
이다. 부처님 법이 넓고 크오니 어떤 법문을 닦아야
가장 긴요하겠나이까? 바라옵건대 저의 의심을 끊어
주시옵소서."

"네가 항상 염불하거니와, 지금이 가장 적당할 때니
라. 여러 가지 수행하는 문이 있지마는 염불보다 나을
것이 없으며, 삼보에게 공양하고 복과 지혜를 닦으라.
이 두 문이 가장 긴요하나니라. 왜냐하면 나는 지나간
겁에 부처님을 관하고 부처님을 염하고 부처님께 공양
한 인연으로 지금 일체종지(一切種智)를 얻었노라. 그러
므로 모든 법과 반야바라밀다와 깊은 선정과 내지 여
러 부처님이 모두 염불로부터 낳느니라. 염불하는 것이

여러 가지 법 중에 왕이니라. 너는 마땅히 위 없는 법
의 왕을 항상 염하고 쉬지 말라.”

“어떻게 염하리이까?”

“이 세계의 서방에 아미타불이 계신데 그 부처님의
원력이 헤아릴 수 없느니라. 네가 항상 염하고 쉬지
않으면, 목숨이 마칠 때 결정코 왕생하여 영원히 물러
나지 아니하리라.”

이렇게 말씀하면서 두 보살은 금빛 손을 들어 법조
의 정수리를 만지면서 수기하였다.

“너는 염불한 인연으로 오래지 않아서 아뇩다라삼먁
삼보리를 얻으리라. 다른 선남자·선여인도 성불하기를
원하거든 염불만 하면 곧 위 없는 보리를 얻게 되리
라.”

두 보살이 게송을 말씀하시매, 법조는 듣고 환희하
여 의심이 없어져서 다시 예배하고 합장하였다.

문수보살은 “여러 보살원(菩薩院)으로 다니면서 참관
하라”고 명했다. 법조는 차례차례 순례하는 길에 칠보
의 과수원에 이르니, 과실이 한창 익었는데 주발만큼
컸다. 한 개를 따서 먹었더니 몸과 정신이 상쾌했다.

보살 앞에 나아가 물러가겠노라 하직하니, 두 동자
가 문 밖에까지 바래다주었다.

고맙다 인사하고 쳐다보니 홀연 볼 수가 없었다. 비감한 생각이 더욱 간절하여 돌을 세워 기록하였으니, 지금까지 남아 있다.

그 뒤, 4월 3일에 화엄사의 서쪽 누각 밑에서 좌선하였고, 13일에 법조는 도반 50여명과 함께 금강굴(金剛窟)에 갔다. 무착(無着)선사가 보살을 만났던 곳에서 지성으로 35불께 예배하였는데 법조가 10여 번 절하고 나니, 홀연히 그곳이 넓어지고 깨끗하여지면서 유리궁전이 있고 문수와 보현과 1만 보살이 '불타파리'와 함께 그 안에 있었다. 법조가 그 광경을 보고는 혼자서 기뻐하면서 여러 사람을 따라 화엄사로 돌아왔다.

그날 밤 3경에 화엄원(華嚴院)의 서쪽 누각 위에 있노라니 동쪽 산 중턱에 등불 다섯이 나타났는데, 크기가 한 자쯤 되었다. 법조는 그것을 보고 축원하기를, '등불이 1백 개가 되어 한쪽에 있어지이다' 하였더니 과연 그렇게 되었다. 또 '천 개가 되어지이다' 하니, 등불이 천 개가 되어 줄을 지어서 산에 가득하였다. 또 혼자 금강굴에 가서 보살을 뵈옵고자 하였더니, 3경이 끝날 무렵에 '불타파리'가 나와서 법조를 인도하여 굴속으로 들어갔다.

　　12월 초순에 화엄사의 화엄원에서 염불하는 도량에 들어가 음식을 끊고 기한을 정하고 염불하면서 정토에 왕생하기를 기약하더니, 7일 되는 초저녁에 어떤 서역 스님이 도량에 들어와서 법조를 보고 하는 말이, “그대가 본 오대산 광경을 왜 다른 이에게 말하지 않는가?” 하고는 어디론지 사라졌다. 법조는 그 스님이 누군지 의심하고 말하려 하지 아니하였다.

　　이튿날 신시쯤 되어서 또 80이 넘은 서역 스님이 와서 말했다. “그대가 본 오대산 광경을 왜 말하지 않는가? 여러 사람들이 들으면 보리심을 발하여 큰 이익이 될 것이다.”

　　“보살의 신기한 경계를 숨기려는 마음은 없지마는, 들으면 의심도 하고 비방할 이도 있겠기에 말하지 않습니다.”

　　“문수보살이 이 산중에 계시면서도 오히려 비방을 받는 터인데 그대가 본 경계야 말할 것 있겠는가. 그러나 중생들이 듣고 보리심을 낼 것이고, 설사 비방하더라도 내생의 인연이 될 것 아닌가.”

　　법조는 이 말을 듣고 생각나는 대로 기록하였다.

　　그때 강동에 있는 스님 혜종(慧從)이 대력 6년(771) 정월에 화엄사의 숭휘(崇暉)·명겸(明謙) 등 30여 명과

함께 법조를 따라 금강굴에 갔다가 반야원(般若院)에
돌을 세워 기록한 사연을 보고는 지성으로 예배하며
기뻐하니, 또다시 종소리가 들리는데 음향이 웅장하고
설법의 구절이 분명하였다. 여러 사람이 듣고 신기하게
생각하였다. 그래서 그 사실을 벽에 기록하여 여러 사
람들이 보고 신심을 내어 부처님의 지혜를 얻게 하였
다. 법조는 또 죽림사(竹林寺)라는 현판을 보던 곳에
절을 짓고 죽림사라 이름 하였다.

대력 12년 9월 13일에 법조는 제자 8인과 함께 동
대에서 흰 광명이 있는 것을 보았고, 또 이상한 구름
속에 오색 광명이 있고, 그 광명 속에 둥글고 붉은 빛
의 광명이 따로 있는데 그 속에 문수보살이 푸른 사자
를 타고 계신 것을 여러 사람과 함께 분명하게 보았
다. 마침 눈이 푸실푸실 내리면서 오색 광명이 골짜기
에 가득하였다. 법조는 그 후에 정성으로 염불하여 밤
낮을 쉬지 아니하더니, 하루는 불타파리가 와서 말하였
다.
"(육도윤회를 벗어난 서방정토 극락세계에) 그대의
연꽃이 벌써 생겼으니, 3년 뒤에는 꽃이 피리라."
그때가 되매 법조는 대중에게 말하기를 "나는 지금
가노라" 하고 앉아서 입적하였다.

27. 수다실리의 사리 8홉

금(金, 1116~1234)나라의 수다실리(蘇陀室利)는 중
인도의 나란타사(那蘭陀寺) 스님으로서 3장(藏)과 5명
(明)에 능하고 화엄경을 잘 외웠다.

중국의 오대산에 문수보살이 계시다는 말을 듣고 85
세 되던 해에 제자 7인을 데리고 중국에 왔다가 7인
중에 셋은 인도로 돌아가고 셋은 죽고, 불타실리(佛陀
室利) 한 사람만이 따라다녔다.

6년 만에 오대산에 이르러서 한 대(臺)에서 화엄경
10권을 외우고, 7일 동안 좌선하면서 자지도 먹지도
않았다.

선정에 들었을 때마다 자금성(紫金城)에 파리궁전(玻
璃宮殿)이 있는데 향수의 못 가운데 연꽃이 피고 진주
그물로 장엄하였으며, 천동·천녀가 그 가운데서 노는
것을 보았다.

뒤에 영추봉에서 죽었는데 제자 불타실리가 찬란한
사리 8홉을 거두어 가지고 서역으로 돌아갔다.

28. 마음대로 다니는 세 사미

후위(後魏) 때 대부 영취사(大孚靈鷲寺)에 세 사미가 있었다. 오대산에 신선의 종적이 많다는 말을 듣고 양식을 짊어지고 떠나 숲과 골짜기를 가리지 않고 가지 않는 곳 없이 돌아다니다가 양식이 떨어졌으나 풀잎을 뜯어 먹으면서 신선을 뵙고야 말겠다고 하였다. 석 달쯤 되던 때에 어느 나무 아래 쉬고 있노라니, 어떤 큰 사람이 고개를 넘어 오는데 전신이 칠흑같이 검고 광명이 있었다. 사미들은 꿇어 앉아 여쭈었다.

"거룩하신 이여, 도술을 가르쳐 주십시오" 하였으나, 그 큰 사람은 실컷 꾸중만 하고 뿌리치고 가버렸다.

사미들이 얼마쯤 따라가니 바위틈에 굴이 있는데 큰 사람은 그 굴속으로 들어갔다. 사미들이 굴 어귀에 앉아 바라보고 있노라니, 어떤 도인이 구름 위로부터 날으듯이 내려오는데 신수가 뛰어났다. 그 도인은 사미들을 불러 데리고 굴 속으로 들어갔다. 10여 걸음 들어가니 푸른 유리빛으로 된 굴 속은 매우 광활하고 명월주(明月珠)를 높이 달아 밝기가 낮과 같고 수십 개의 굴이 있었다. 사미들은 그 도인을 향하여 도술을 가르쳐 달라 하였다. 도인은 술을 한 그릇 주면서 먹으면 도술을 얻는다고 했다. 사미들은 스님이 가르친 계율을 어길 수 없다고 사양하였다.

도인: "너희가 먹지 않으면 도술을 얻을 수 없느니라."

사미들은 물러가겠다고 하직하였더니, 도인이 말하였다. "날이 저물어 갈수 없으니 하룻밤 여기서 쉬어 가라."

세 사미는 한 굴에 한 사람씩 들어가 자려 하는데 여자를 보내어 같이 자게 했다. 사미들은 생각하기를 '구하는 도술은 얻지 못하고 요물을 만났도다' 하고 약속이나 한 것처럼 가만히 빠져 나와서 수십 리를 걸어 갔다.

그때 선동이 나는 듯이 따라 와서 말했다.

"큰스님께서 그대들의 계행이 굳은 것을 보시고 참말 법을 배울만하다 하시며 신약을 보내시더라" 하면서 한 사람에게 한 개씩 주는데 빛이 옥같이 희었다.

그 약을 먹고 나니 땅에서 날아 올라가 허공으로 다니면서 경치가 좋은 데는 어디든지 마음대로 다닐 수가 있게 되었다.

영취사로 돌아온 그들이 스님께 하직하고 신선을 찾아 다니더니, 그 뒤의 일은 알 수 없다.

29. 아미타불의 화신 풍간선사

풍간선사豊幹禪師

　당나라 풍간(豊干)선사는 어떤 사람인지 그 신분을 알 수가 없다. 천태산 국청사에 있었는데 머리카락은 눈썹과 가지런하게 자랐고 늘 베옷을 입었다. 어떤 사람이 불교의 이치를 물으면 언제든지 '때에 따라서'라고 대답할 뿐이었다.

　한번은 노래를 부르면서 범을 타고 산문으로 들어오는데 수행이 높지 못한 이들은 놀라는 이가 많았다.

　국청사 정재소에 행자 두 사람이 있었으니, 하나는 한산(寒山)이고 하나는 습득(拾得)이다. 두 사람은 밥 짓는 책임을 맡았는데, 종일 서로 이야기를 하지만 들어도 무슨 말인지 알 수가 없었다. 그래서 사람들이 미치광이라고도 하였으나, 풍간과는 자별하였다.

　하루는 한산이 물었다.
　"구리거울을 닦지 않으면 어떻게 비치지?"
　풍간: "얼음 병은 영상이 없고 원숭이는 물속의 달을 건지느니…"
　한산: "그것은 비치는 것이 아니야, 다시 말해 보게…"
　풍간: "만 가지 공덕 가져오지 않고 날더러 무슨 말을 하라는고."

　하루는 풍간선사가 한산과 습득에게 말했다.
　"나와 함께 오대산에 가면 내 동무요, 함께 가지 않으면 동무가 아니다."
　한산·습득: "나는 안갈테야."
　풍간: "그러면 내 동무 아니지."
　한산: "그대 오대산에 가면 무엇하려나?"
　풍간: "문수보살께 예배하려고."
　한산: "그대는 내 동무가 아니구나!"
　얼마 후에 선사는 혼자서 오대산에 가서 순례하다가

한 노인을 만났다.

　풍간: "보살 아니십니까?"

　노인: "문수보살이 둘일 수가 있는가?"

　선사가 절하고 일어나기도 전에 노인은 보이지 않았다. 풍간선사는 오대로 다니면서 곳곳을 순례하다가, 3년 만에 남방으로 돌아왔다.

　그때 마침 여구윤(閭丘胤)이 단구(丹丘)의 목사가 되어 길을 떠나려다가 두통이 일어났다. 여러 의사들을 청하였으나 치료하지 못하고 있었다.

　풍간선사가 찾아가서 말하기를 "내가 일부러 온 것은 영감을 만나려 함이외다" 하니, 여구윤은 두통이 심하다고 말하였다. 선사는 깨끗한 대접에 물을 가져오라 하여 물에다 대고 주문을 외워 뿌리니 두통이 곧 나았다.

　여구윤은 이상한 도승이라 생각하고 물었다.

　"이번에 단구 목사로 가면 길흉이 어떻겠소?"

　풍간: "도임한 후에 반드시 문수와 보현을 찾아보시오."

　여구윤: "그 두 보살이 어디 있소?"

　풍간: "천태산의 국청사에 있는 한산은 문수요, 습득은 보현입니다."

여구윤은 도임한 후에 국청사에 가서 풍간선사가 있던 방을 물었다.

주지 도교가 대답했다. "풍간선사가 있던 곳은 장경각 뒤인데 지금은 비었습니다."

여구윤: "한산과 습득은 어디 있습니까?"

도교: "정재소에서 일하고 있습니다."

여구윤은 풍간선사가 있던 방에 가 보았으나 호랑이의 발자국만 낭자할 뿐이었다.

여구윤: "선사는 여기 있으면서 무슨 일을 하였습니까?"

도교: "방아를 찧어 대중에게 공양하였고, 일이 없을 적에는 경을 외웠습니다."

여구윤은 부엌에 들어가 화롯가에 둘러앉아 웃고 이야기하는 한산과 습득을 보고 절하였다. 두 사람은 자꾸만 혀를 차고, 대중은 놀라 "사또께서 왜 미친놈에게 절을 하십니까?" 하고 의아해하였다.

한산은 여구윤의 손을 잡고 웃으면서 말하였다. "아미타불을 몰라보고 왜 우리에게 절을 하는 거요? 부질없는 풍간이, 부질없는 풍간이…"

한산과 습득은 그 후 손을 마주 잡고 밖으로 나가 다시는 돌아오지 않았고, 풍간선사는 천태산에서 입적하였다.

30. 문수보살의 화신 한산자

　한산자(寒山子)의 내력은 알 수 없으나 옛날 사람들은 머리가 돈 가난뱅이라고 보았다. 천태산에 숨어 살았으니, 당흥현(唐興縣)의 서쪽 70리 되는 곳에 한암(寒巖)이 있는데 거기에 살면서 국청사에 이따금 찾아갔었다.

　국청사에는 습득(拾得)이라는 부엌일을 맡은 이가 있어서 부엌에 남은 찌꺼기를 대통에 넣어 두면, 한산이 왔다가 갈 적에는 가져가곤 하였다. 혹은 복도를 다니면서 "어, 상쾌하다, 시원하다!" 하면서 혼자 말하고 혼자 웃곤 하였다.

　어떤 때에 스님들이 붙들고 꾸짖거나 쫓아 보내면, 돌아서서 손뼉을 치면서 한참 웃다가 가기도 하였다. 형상이 비렁뱅이처럼 여위었으나, 말 한마디, 행동 하나가 뜻에 맞으면 잠자코 생각하는 듯하였고, 말에는 미묘한 뜻이 들어 있었다.

　나무껍질로 관을 만들어 쓰고, 옷은 떨어졌고, 나막신을 신고 다니었으니, 보살이 일부러 자취를 감추고 중생을 교화하는 것도 같았으며, 복도를 다니면서 노래도 하고, 가끔 하는 말은 '애닯다. 온 세상이 쳇바퀴 돌듯 하는구나!' 하였다.

어떤 때는 마을에 들어가서 소 치는 아이들과 더불어 웃고 노래하면서 뜻에 맞거나 거슬리거나 스스로 즐기었으니. 철인(哲人)이 아니고서는 그 속을 알 수 없었다.

여구윤이 단구(丹丘)목사가 되어 도임길을 떠나려는데 갑자기 두통이 나서 택일하는 이와 의사들을 불러 치료하였으나 효험이 없었다. 마침 풍간선사가 천태산 국청사(天台山 國淸寺)에 있노라 하면서 찾아왔다. 병을 말하였더니, 선사는 웃으면서 이렇게 말하였다.

"4대(大)로 된 몸이라 병도 날 수 있는 것이니, 그 병을 치료하려면 깨끗한 물이 필요하오."

물 한 대접을 떠다 주었더니, 선사는 물을 뿜어 두통을 씻은 듯이 고치고, 여구윤에게 말했다.

"태주(台州)는 해도(海島)라 남독(嵐毒)이 심하니 가시는 대로 조심하시오."

여구윤 : "그곳에 가면 스승으로 받들 만한 사람이 있겠습니까?"

선사: "보고도 알지 못하며, 알고도 보지 못하오. 반드시 보려거든 형상에 집착하지 말아야 합니다. 한산은

문수보살의 화현으로 국청사에 숨었고, 습득은 보현보
살인데 모양이 비렁뱅이 같습니다. 미친 사람처럼 왔다
갔다 하면서 국청사에서 부엌일을 합니다.”

　이렇게 말하고 풍간선사는 가버렸다.

　여구윤은 그 길로 태주에 도임하여 3일 만에 절에
가서 물어보니, 선사의 말과 틀리지 않았다.

　당흥현(唐興顯)에 사람을 보내어 한산과 습득이 있는
가 조사하였더니, 그 고을 서쪽으로 70리 되는 곳에
한암(寒巖)이란 굴이 있는데 굴 속에 빈한한 사람이 있
으면서 가끔 국청사에 가서 자는 것을 노인들이 보았
다 하며, 국청사의 정재소에 한 행자(行者)가 있는데
이름이 습득이라 한다고 보고하여 왔다. 여구윤은 가서
찾아보려고 국청사에서 가물었다.

　“이 절에 풍간선사가 있었다는데 그가 있던 방은 어
디며 또 습득과 한산은 지금 어디 있습니까?”

　도교라는 스님은 대답하였다.

　“풍간선사가 있던 방은 장경각 뒤에 있는데 지금은
비었고, 가끔 호랑이 한 마리가 왔다 갔다 할 뿐이며,
한산과 습득은 지금 정재소에 있습니다.”

　스님이 여구윤을 인도하여 풍간선사의 방에가 문을

열어보니 호랑이 발자국 뿐이었다.

"선사가 계실 적에는 무슨 일을 하였습니까?"

"그 스님은 낮에는 쌀을 찧어 대중에게 공양하였고, 밤에는 흔히 노래를 하였습니다."

정재소에 가 보니 아궁이 앞에 두 사람이 불을 쪼이면서 웃고 있었다. 여구윤이 엎드려 절을 하였다.

두 사람은 소리를 높여 나무라면서, 손에 손을 잡고 허허 웃더니 이렇게 말을 했다.

"풍간이 또 부질없는 말을 한 게지. 아미타불은 모르고 우리에게 절은 왜 하는가?"

스님들이 우루루 몰려와 놀라면서 "대관께서 거렁뱅이에게 왜 절을 하시는 겁니까?" 하였다.

이때 벌써 두 사람은 손을 마주 잡고 절을 떠났다. 사람을 보내어 데려오라고 하니, 두 사람은 뛰어서 한암(寒巖)으로 가버렸다.

여구윤은 도교스님에게 "그 두 분을 도로 모셔다가 깨끗한 방을 비워 계시게 하라" 당부하고, 고을로 돌아가서 새 옷 두 벌과 향과 약을 갖추어서 국청사로 보내어 공양하라 하였으나, 두 사람은 끝내 국청사에 돌아오지 아니하였다.

옷을 가지고 갔던 사람은 한암으로 가서 옷을 공양하였더니, 한산은 큰 소리로 "이 도둑놈! 도둑놈!" 하

고 굴속으로 들어가면서 "여러분들, 모두 잘 있으시
오!" 하자 굴 문은 막혀 버렸고 습득은 어디로 갔는지
알 수 없었다.

여구윤이 도교스님으로 하여금 그들의 지난날에 남
긴 행적을 찾아보라 하였더니, 나무쪽이나 석벽에 써
놓은 시(詩)와 마을 집 벽에 쓴 글발을 모은 것이 3백
여 수가 되었고. 또 습득이 성황당 벽에 써 놓은 게송
얼마를 모아 책을 만들어 세상에 유전하였다.

한산대사와 습득대사

31. 보현보살의 화신 습득

습득(拾得)은 어떤 사람인가?

처음에 풍간선사가 적성(赤城) 지방을 지나가다가 길가에 울음소리가 나길래 숲을 헤치고 찾아보니 열 살쯤 된 아이가 울고 있었다. 그 마을에서 소를 모는 아이인가 하고 물어 보았으나 사람들은 집도 없고 성도 이름도 모른다고 하였다.

그래서 국청사로 데리고 온 뒤 관아에 알렸으나 수십 일이 흘러도 찾는 사람이 없었다. 그래서 절 별좌(別座)일을 보는 영습에게 맡겨서 기르게 하였다.

3년이 지나자 제법 커서 말귀도 알아듣게 되었으므로 부엌에서 심부름을 하면서 향을 사르고 촛불을 켜고 마루를 닦게 하였다.

그런데 하루는 불상과 마주 앉아 불기(佛器)의 밥을 먹고, 성승상(聖僧像) 앞으로 가더니 나한님을 소승이라고 타박하는 것이었다. 그것을 본 영습은 대중들에게 "습득이 미쳤으니 여타 부엌일은 그만 두게 하자"고 하였다. 그리하여 부엌에서 단순히 설거지만 하게 하였

는데, 늘 상에 떨어진 찌꺼기를 모아 대통에 넣어 두
었다. 사람들이 이상해 눈여겨보았더니 한암에 사는 그
의 도반 한산자(寒山子)가 와서 가지고 가는 것이었다.
　어떤 때는 혼자서 말하기를 "내게 구슬 한 개가 있
어 오음(五陰) 속에 묻혔는데 아무도 아는 이가 없다"
고 하니, 대중스님들은 모두 그를 바보라고 불렀다.

　당시 국청사에는 산신당이 있어서, 스님들로 하여금
산신당에 공양을 올리고 향과 등촉을 보살피게 하였는
데, 공양과 향촉을 까마귀가 가끔 물어가곤 하였다. 하
루 저녁은 대중스님들이 모두 똑같은 꿈을 꾸었는데
꿈속에서 산신이 말하였다.
　"습득이 나를 때리면서 네가 산신으로서 가람을 잘
수호해야 할 터인데, 도리어 스님들로부터 공양을 받고
있으니 말이 되느냐. 만일 산신 네가 영험이 있다면
어째서 까마귀가 음식을 물어가는 것을 막지 못하느냐.
그러므로 이후부터는 스님들의 공양을 받지 말라."
　영습이 이상하게 여겨 산신당에 가 보니 산신의 몸
에 매 맞은 흔적이 있었다.

　또 습득으로 하여금 절에서 밭을 가는 말과 소를 기
르게 하였더니, 큰 소리로 노래를 부르고 반달마다 포

살하면서 스님네가 계를 설할 적에는 습득이 소를 몰고 법당 앞에 이르러 문에 기대서서 손뼉을 치고 웃으면서 "한가들 합니다 그려, 여럿이 머리를 맞대고 무엇을 하시는 거요?" 한다. 계를 설하는 스님들이 노하여 "저 바람둥이 바보가 포살을 파괴한다"고 하니 습득은 웃으면서 노래를 불렀다.

"성내지 않는 것이 계율이요,
출가자는 마음이 청정해야지
나나 당신네나 불성은 마찬가지
모든 법이 차별이 없는 것이네."

스님들이 법당에서 나와 몽둥이로 습득을 때리면서 소를 끌고 가라고 하자, 습득은 "이 소들은 모두 전생에 이 절에서 일 보던 스님들이 죽어 환생한 것인데, 아마 법명을 부르면 대답할 것이오" 하면서 그 자리에서 일일이 법명을 부른다.
"전생에 홍정율사(弘靖律師) 나오너라."
흰 소가 큰 소리를 지르면서 나왔다.
"전생에 전좌(典座)였던 광초(光超) 나오너라."
이번에는 검은 소가 나왔다.
"전생에 직세(直歲)였던 정본(靖本) 나오너라."

이번에는 암소가 대답하고 나왔다.

"전생에 원주 보던 법충(法忠) 나오너라."

송아지가 '음매'하면서 지나갔다.

이번에는 큰 소 한 마리를 붙들고 이렇게 말하는 것이었다. "전생에 계행을 지키지 않고 짐승처럼 굴더니 이제 이 꼴이 되었으니 누구를 원망하랴? 부처님의 법력이 크시지만 너는 영원히 은혜를 저버렸네."

이 일을 보고는 대중이 깜짝 놀라 이 사실을 고을 관아에 보고하자, 고을에서는 습득에게 관아로 출두하라고 하였다.

그러나 습득은 응하지 아니하였다. 절 안에 대중들이 모두 깜짝 놀라 보살이 인간 세상에 오셨다고 찬탄하였다.

습득은 한산자와 손을 잡고 절을 떠난 뒤로는 종적을 알 수 없었다. 그 뒤 어느 날 국청사 스님이 남산에 올라가 나무를 하다가 인도 스님을 만났는데, 그 스님은 지팡이를 들고 굴 속에 들어가서 해골을 하나 들고 나오면서 '습득의 사리를 가져가노라' 하더라는 것이다.

32. 한산과 습득의 문답

　옛날에 한산이 습득에게 물었다.

　"세상 사람들이 나를 비방하고 업신여기고 욕하고 비웃고 깔보고 천대하고 미워하고 속이니 어떻게 대처 (對處)해야겠는가?"

　습득이 말했다.

　"참고 양보하고 내버려두고 회피하고 견디어 내고 그를 공경하고 그와 따지지 않으면, 몇 해 후에는 그들이 그대를 보게 되리라."

　"그런 것을 비켜 갈 비결은 없는가?"

　"내가 언제 미륵보살의 게송을 본 일이 있으니, 들어 보게나."

　늙은 몸이 누더기 옷 입고

　거칠은 밥으로 배를 불리며

　해진 옷 기워 몸을 가리니

　모든 일에 인연을 따를 뿐이네

　어느 사람 나를 꾸짖으면

나는 좋습니다 하고
나를 때리면
나는 쓰러져 눕고

얼굴에 침을 뱉어도
마를 때까지 그냥 두네.
내 편에선 애쓸 것 없고
저 편에선 번뇌가 없으리

이러한 바라밀이야말로
신묘한 보물이니
이 소식을 알기만 하면
도가 차지 못한다 걱정할 것 없네

사람은 약하나 마음은 약하지 않고
사람은 가난해도 도는 가난하지 않아
한결 같은 마음으로 행을 닦으면
언제나 도에 있으리

세상 사람들 영화를 즐기나
나는 보지도 않고
명예와 재물 모두 비었거늘

탐하는 마음 만족을 모르네

황금이 산처럼 쌓였더라도
덧없는 목숨 살 수 없나니
자공(子貢)은 말을 잘 했고
주공(周公)은 지혜가 빠르고

제갈공명(諸葛孔明)은 계책이 많고
번쾌(樊快)는 임금을 구했으며
한신(韓信)은 공이 크지만
칼을 받고 죽지 않았던가

고금(古今)에 수없는 사람들
지금 얼마나 살아 있는가
저 사람은 영웅인 체하고
이 사람은 호남자(好男子)라 하지만

귀밑에 흰 털이 나게 되면
이마와 얼굴은 쭈그러지고
해와 달은 북 나들 듯
세월은 쏜 살과 같네

그러다가 병이 들게 되면
머리를 숙이고 한탄할 뿐
젊었을 적에
왜 수행하지 않았던가 하네

병 난 뒤에 지난 일 뉘우쳐도
염라대왕은 용서하지 않나니
세 치 되는 목숨 끊어지면
오는 것은 송장뿐,

옳다 그르다는 시비도 없고
집안 일 걱정도 않으며
나와 남을 분별함이 없고
좋은 사람 노릇도 아니 하네

꾸짖어도 말이 없고
물어도 벙어리인 양
때려도 성내지 않고
밀면 통채로 구를 뿐이네

남이 웃어도 탓하지 않고
체면을 차리지도 않으며

아들 딸이 통곡하여도
다시는 보지 못하고,

명예와 재물 그렇게 탐하더니
북망산천으로 이웃을 삼네
온 세상 사람들
두 얼이 빠졌으니

그만이라도 정신 차려서
보리의 도를 닦아 행하라
씩씩한 대장부 되어
한 칼로 두 조각 내라

불구덩에서 뛰어나
장쾌한 사람 되어 보게
참된 이치를 깨닫게 되면
해와 달로 이웃하리라.

33. 성인의 경계는 측량 못함

당나라 도선율사(道宣律師)는 이부상서(吏部尙書) 전신(錢申)의 아들이다. 어머니가 아기 설 적에 해가 품안에 들어오는 꿈을 꾸었더니, 어려서부터 예법을 좋아하고 행동이 얌전하고 위의가 의젓하였다. 어려서는 글을 읽었고 자라서는 진리를 연구하면서 이렇다 한 큰스님들을 찾아다니며 제자백가(諸子百家)와 경율론(經律論) 삼장을 모두 통달하고, 더욱 계율에 엄정하고 불법을 옹호하며 저술에 힘을 쓰고 율문에 정통하여 천인들이 항상 모시고 호위하였다.

찬령기(纂靈記)에는 이런 이야기가 있다.

도선 율사가 오대산에 갔다가 중대(中臺)에 이르러 밤에 좌선하고 있는데 어떤 동자가 곁에서 모시므로 물었다.

율사: "그대는 누구인가?"

동자: "이름은 현창(玄暢)이온데 천인이옵니다. 제석천왕의 명을 받잡고 오대산에서 수행하옵다가 스님이 여기 계신다고 하므로 와서 모시나이다."

　율사: "화엄경에 보면 청량산은 문수보살이 사는 곳이라고 하였는데 지금 보건대 등성이와 골짜기에 초목이 우거졌으니, 범부가 사는 곳과 다름이 없거늘 어찌 성인의 경계라 하겠는가?"

　동자: "대성인의 경계를 범부나 이승으로는 헤아릴 수 없나이다. 저는 범부요 스님은 이승입니다. 그러므로 분별이 있는 생각으로는 부사의한 경계를 찾아볼 수 없나이다. '경계는 하나이나 세 사람의 보는 것이 다르다'는 말을 스님도 잘 아시리이다. 제각기 업보로 받은 눈이오매 보는 것도 역시 다른 것입니다. 제가 보기로는 이 오대산은 벽유리 빛이고 다섯 봉우리의 등성이와 골짜기는 모두 보배로 되었사오며, 광명이 항상 찬란하여 밤낮이 다르지 아니하오나 보살이 계신 곳을 저도 알지 못하나이다."

　이렇게 말하고는 사라져 버렸다.

　율사는 건봉(乾封) 2년(667) 겨울에 장안의 서명사(西明寺)에서 입적하였다.

34. 금광조스님의 금강삼매

　당나라 금광조(金光照)스님은 민지현의 이(李)씨이다. 13세에 영찬(靈粲)스님에게서 중이 되고. 19세에 홍양산(洪陽山)에 가서 가섭(迦禁)화상을 3년 동안 섬기는데 옷을 벗지도 아니하고 자리에 눕지도 아니하면서 방아 찧고 나무하기를 잠깐도 게을리 하지 아니하였다.

　하루는 화상께 이렇게 물었다.
　"출가한 사람이 마땅히 할 일이 무엇이옵니까?"
　"함이 없는(無爲) 것이 마땅히 할 일이니라."
　"함이 없는 것을 무엇에 쓰시오리까?"
　"네가 하지 않고서야 어떻게 함이 없는 곳에 이르겠느냐."
　"함이 없는 것을 하려면 어떻게 해야 합니까?"
　"원각경(圓覺經)에 말하기를 '어느 때에나 허망한 생각을 내지 말고, 허망한 생각을 쉬려고도 하지 말며, 망상하는 경계에서 알려고 하지도 말고, 알 것이 없는 곳에서 진실을 분별하지도 말라'고 하였으니, 이것이 함이 없는 것을 하는 방법이니라."

 "함이 있는 것(有爲)과 함이 없는 것이 하나입니까, 다릅니까?"

 "지혜 있는 사람에게는 비유로 말함이 좋으니라. 가령 금으로 그릇을 만들었을 적에. 금으로 보면 그릇이라 할 것이 없지마는, 그릇으로 보면 제각기 그릇 모양이 완연하니라. 금은 언제나 그릇이 아니지마는 금을 떠나서는 그릇이 없는 것이니 금은 '함이 없는 데' 비유하고, 그릇은 '함이 있는 데' 비유한 것이다. 그런데 금과 그릇이 하나라 하겠는가, 다르다 하겠는가? 그래서 경에 말하기를 '함이 있는 경계에서 함이 없는 법을 보이되 함이 있는 모양을 파괴하지 아니하며, 함이 없는 경계에서 함이 있는 법을 보이되, 함이 없는 성품을 분별하지 않는다.' 하였느니라. 그러므로 도는 항상 함이 없으면서도 응하지 아니함이 없느니라. 비록 항하의 모래처럼 많아 이름이 다르나 마침내 한 가지 실제로 회통되고, 감동하고 응하는 일이 다르나 나타내고 숨는 일은 자체가 같으니라."

 금광조는 스님의 말씀을 듣고 산중에서 몸을 마칠 생각을 가졌다 오대산이 성인의 경계라는 말을 듣고 기쁜 마음으로 돌아갔으나, 마침 서북에 난리가 나서 길이 막혔으므로 고사산(姑射山)에 들어가서 초선사(招

禪師)를 섬기면서 현묘한 말을 듣고 활연히 깨달아 '삼
계(三界)가 한 마음 뿐'이고 다른 법이 없는 줄을 분명
하게 알았다.

  대력(大曆) 2년(767)에 오대산에 이르러 북대의 금강
굴 앞에 있는 보살정(菩薩頂)에서 쉬면서 밤에 좌선하
노라니, 문득 금색 광명이 북대로부터 내려오는데 금색
연화가 그 가운데 솟아나고 부처님의 화신들이 연꽃
위에 앉았고 그 금색 광명이 금광조의 정수리에 닿았
다.

  화신 부처님은 팔을 펴서 금광조의 머리를 만지면서
말씀하였다.

  "착한 남자여, 네가 지금 금강(金剛)삼매에 들었으니
이제부터는 금광조라 이름하고, 반야의 법수(法水)로
마음을 씻고 현묘한 길에서 주저하지 말라."

  금광조는 물었다.

  "부처님의 몸은 함이 있나이까, 함이 없나이까? 또
생멸이 있나이까, 생멸이 없나이까?"

  화신 부처님은 말씀하셨다.

  "착한 남자여, 부처님의 몸은 입으로 말할 수도 없
고 마음으로 생각할 수도 없느니라. 마치 큰 불무더기
에서는 아무것도 용납할 수 없는 것과 같나니, 그렇게

분별하는 것은 모두 희론(戲論)이니라.'

　이렇게 말씀하고는 사라져버렸다. 금광조는 삼매에서 일어났으되, 그 후부터는 자나 깨나 항상 삼매에 있다가 71세 되던 때에 목숨을 마치었다.

35. 비구니의 입에서 금빛 광명을 놓다

당나라 의봉(儀鳳, 676~678) 때에 두 범승(梵僧)이 오대산에 와서 꽃을 들고 향로를 가지고 팔뚝과 무릎으로 기어다니면서 산을 바라보며 문수보살에게 정례하였다. 이런 정성으로 문수보살의 화현인 비구니를 만나게 되었다. 그 비구니는 바위 사이에 있는 소나무 아래 승상(繩床)을 놓고 단정히 앉아 화엄경을 읽고 있었다.

날이 저물자 비구니는 범승에게 말하였다.
"비구니가 큰스님과 함께 있을 수 없으니, 스님들은 다른 곳으로 가셨다가 내일 다시 오십시오."
범승: "산은 깊고 길이 먼데 어디를 가겠습니까?"
비구니: "스님들이 가지 않는다면 나는 여기 있을 수 없으니 다른 곳으로 가겠습니다."
범승들은 부끄럽고 갈 데를 몰라 주저하였다.
비구니: "이 골짜기로 내려가면 참선하는 굴이 있으니, 거기 가서 지새십시오."
범승이 골짜기로 2리쯤 내려가니 굴이 있었다. 굴에

서 합장하고 향로를 받들고 북향하여 들으니 경 읽는
소리가 낭랑하게 들리었다.

처음 경 제목을 읽고 '이와 같이 내가 들었노라'를
외울 적에, 선상에 앉은 비구니의 입에서 금빛 광명이
나와 앞산에까지 비치고, 두 벌을 외우니 광명이 더욱
성하여 골짜기 남쪽으로 사방 십리를 비추는데 낮과
같았고, 네 벌을 외운 후부터는 광명이 점점 줄어지다
가 여섯 벌을 외워 마치니, 광명이 비구니의 입으로
들어가 버렸다.

36. 문수보살의 화신 선계대사

선계대사(善戒大師)는 태주(台州) 임해현(臨海縣) 삼강(三江) 사람이다. 성은 누씨(婁氏)요, 조부의 이름은 세가(世家)이며 벼슬이 소경(少卿)에 이르고, 아버지는 원우(原祐)이며 어질고 두터운 덕이 있고 거짓이 없었다.

어머니 장(張)씨가 달빛이 품에 들어오는 꿈을 꾸고 잉태하였는데 나면서부터 이렇게 말하였다.

"아버지, 어머님! 저를 낳기 위해 얼마나 수고하셨나이까! 자라면 중생들을 제도하여 이 세상에 타는 불을 끄오리다."

부모는 이러한 일을 보고 놀라 비밀에 붙이고 말하지 아니하였고, 이름을 돈길(頓吉)이라 하였으며, 의논하기를 '이 아이가 자라면 스님이 되어 중생을 제도하리라' 하였다.

하루는 어머니에게 일곱 사람에게 공양할 음식을 마련해 달라 하였다. 어머니가 그 까닭을 물으니, 제 친구가 만나러 온다는 것이었다. 부모는 이상하게 생각하면서도 음식을 마련하고 기다렸다.

저녁나절이 지나서 스님 일곱 분이 집으로 왔다. 아버지는 스님들을 모셔 들이고 물었다.

"어디로부터 오시나이까?"

"남인도에서 오는데 댁에 훌륭한 아기가 있다는 말을 듣고 하례하러 왔습니다."

"이렇게 강림하시니 황공합니다."

저녁밥을 대접하였더니, 스님들은 식사가 끝나자 아기를 만나겠다고 하였다. 어머니가 아기를 안고 나오니, 스님들은 아기에게 이 같이 부탁하는 것이었다.

"중생의 세계에서 속지 말고 정신을 차려야 한다."

아기는 손을 만지면서 웃었다. 그 스님들이 간 뒤에 아기는 부모님에게 말하였다.

"저 일곱 분은 모두가 불·보살의 화현입니다."

돈길은 다섯 살이 되는 때부터 육화대사(六和大師)라고 자칭하면서, 고요한 것을 좋아하고 세속에 있기를 즐기지 아니하더니, 15세에 이르러 부모를 하직하고 출가하였다.

항주(抗州)를 가는 길에서 혜광(慧光)화상을 만났는데 그가 말하기를 "지금 하늘의원(天醫)인 '파리다'가 비래봉(飛來峯)에 있으니 가서 만나라"는 것이었다. 돈길은 비래봉으로 갔다.

파리다가 물었다.

"어디에서 오는가?"

"인연을 따라 옵니다."

"성은 무엇인가?"

"불성(佛性)입니다."

"네 몸이 속인인데, 어떻게 불성을 아는가?"

"나의 몸은 속인이지만 세속으로 인하여 진리를 증득하면 진리와 세속이 원융하여 둘이 없으며, 둘이 아닌 성품이 곧 불성이 아니오니까."

파리다는 기이하게 생각하여 머리를 깎아주고 구족계를 일러주었으며 선계(善戒)라고 이름 지었다.

선계대사는 금릉에 가서 청원(淸源)화상을 보고 물었다.

"콧구멍이 하늘에 닿았을 때, 어떠합니까?"

"아침에는 동에서 뜨고 저녁에는 서로 지느니라."

"어떤 것이 저의 도안(道眼)입니까?"

"그것은 부처님도 모르실걸."

선계대사는 한 번 할(喝)하였다.

청원화상은 그만 두었다.

선계대사는 또 인용(仁勇)화상을 찾아갔다.

인용은 선계대사가 온 줄을 알고 법상에 올라가 불자(拂子)를 들었다.

선계 대사가 물었다.

"몸을 솟구쳐 해와 달을 붙잡고 입을 벌려 조수(潮水)가 밀리는 것을 바라봅니다."

인용은 불자를 던졌다.

선계대사는 손뼉을 치고 춤추며 가버렸다.

한번은 살다파나화상을 찾아갔다. 살다파나는 언제나 황소를 타고 다니므로 황소화상이라 불렸다. 화상은 길에서 손을 도닥거리고 있었다.

선계대사가 물었다.

"뿔 나고 털 난 사람!"

"어허, 늙은 고오타마가 조계의 조사관(視師關)을 쳐 부수네."

선계대사가 한 번 할(喝)을 하고

"털 나고 뿔 난 사람은 큰 보섭이나 끌고 다니지!"

살다파나는 한 번 웃었다.

선계대사는 또 사명사(四明寺)의 대장(大璋)화상을 방문하고 말하였다.

"밝은 빛이 가는 곳마다 비치니 더위는 물러가고 서

늘해지네.”

“앞일은 바라지 말고 지난 일을 생각하지 말라.”

“눈 먼 것이 무어라 하는고!”

“어제 저녁, 상앗대를 주었으니 급한 여울에 잘 저어 가게.”

“뱃머리 꼭 붙들고 돛을 높이 달았으니, 한꺼번에 저어가지 무엇이 어려우랴!”

두 사람이 다 같이 할(喝)하자, 곁에 있던 보명(普明)은 담박 깨달았다.

순희(淳熙) 2년(1775) 봄에 선계대사는 제자 보명과 도전(道全)을 데리고 오대산에 갔다가 돌아오던 길에 동천(潼川)의 화생(化生) 나루에 이르렀다. 저쪽 언덕에 오랑사(五郎祠)가 있는데, 그 신이 영험이 있다고 동리 사람들이 정성으로 제사를 지내고 있었다.

그 오랑신(五郎神)이 선계대사가 지나가는 줄을 알고 호랑이로 변화하여 언덕 위에 서 있었다.

선계대사는 벌써 알고서 주먹으로 갈겨 붙들고 오랑사에 끌고 가서 호령하였다.

네가 일랑인지 오랑인지

복 주고 화(禍) 주고 하면서

소와 양을 모두 잡아먹는구나!
내 이제 무생법(無生法)을 말하여
원수의 묵은 빚을 벗게 하리라.

그랬더니 신상(神像)이 무너지고 사당은 저절로 불타
마을 사람들이 놀랐다.

순희 4년(1177)해에 선계대사는 항주(杭州)의 천축사
(天竺寺)로 돌아왔다. 습(什) 행인이 지관(止觀)법을 닦
고 있었는데, 선계대사와는 동향이었으므로 둘 사이가
매우 좋았다.

습 행인이 선계대사에게 말하였다.

"저는 도솔사(兜率寺)로 갈 터인데 스님께서 함께 가
시면 어떻겠습니까?"

선계대사는 좋다고 승낙하고 동행하여 소흥(紹興)에
이르러 객주 집에 들었다. 이때, 객주집 주인 왕백공
(王伯恭)이 슬프게 통곡하므로 웬 일이냐고 물으니, 그
의 선고(先考)의 소상(小祥)이라고 하였다.

선계대사가 말하였다.

"그대는 아버지의 태어난 곳을 아는가?"

"모릅니다. 바라건대 화상의 자비로 아버지의 태어난

곳을 가르쳐 주십시오."

선계대사는 습행인을 보면서 물었다.

"어떻게 할까?"

"중생을 구제함이 좋겠나이다."

선계대사는 그 집 개를 앞에 불러놓고 말하였다.

"너의 몸은 사람과 다르지마는, 본래의 성품은 분명하지 않느냐?"

개는 눈물을 흘리면서 백공에게 말했다.

"나는 네 아비다. 죄업이 두터워서 이런 몸을 받았다."

"참말 우리 아버지라면 무슨 죄를 지었나이까?"

개가 말했다. "나는 평생에 불법을 믿지 않고, 착한 사람을 모함하고 보시를 행하지 않았으며, 남이 보시하는 것을 보면 못하도록 방해하였다. 그런 인연으로 지금 이런 과보를 받았으니, 너는 부자의 정리를 생각해서 두 스님께 간청해 나에게 법을 말하여 이 개의 몸을 벗도록 해 달라."

백공은 이 말을 듣고 발을 구르고 부르짖으며 스님께 구원해 주기를 빌었다.

선계대사는 개에게 법을 말하였다.

마음이 움직이면 경계가 따라와서

업의 꽃이 무성하고
마음이 공하면 경계도 고요하여
업의 꽃은 저절로 지느니라.
죄와 업이란 정해진 바가 없나니
업도 참된 업이 아니거니
마음이 삿되면 업의 바람이 저절로 생겨나고
마음이 바르면 업의 바람이 저절로 그치느니라.
모든 것이 네 마음으로 되는 것
남이 주는 것 아니니라.

개는 법문을 듣고 고맙게 여기는 듯하더니, 밤이 되어 먹지 않고 죽었다.

백공이 출가하기를 원하매, 선계대사는 머리를 깎아주고 승명(僧名)을 도주(道稠)라 하였다.
선계대사는 임시응변(臨時應變)으로 중생을 구제하였고, 슙 행인은 정토 행업을 닦아서 극락세계에 함께 왕생하기를 서원하였다.

순희 6년에 선계대사가 어떤 작은 거리에 갔을 적이었다. 김병(金炳)이라는 백정이 양 한 마리를 묶어놓고 칼을 갈고 있었는데, 양은 처량하게 울고 있었다.

　선계대사가 가엾이 여겨 말하였다.

　"너는 복과 지혜를 닦지 않았으므로 이제 껍데기를 벗기게 되었구나!"

　김병은 합장하고 섰고 양은 울음을 그치었다.

　선계대사는 "사람이 양이 되고 양이 사람 되는 일이 눈 깜짝할 사이이니라. 능가경에 말하기를 '일체 중생이 끝없는 옛적부터 나고 죽기를 바퀴 돌듯 하면서, 혹은 부모도 되고 형제도 되고 아들도 되고 딸도 되고 권속도 되고 친구도 되고 시종도 되었다가 다시 몸을 바꾸어 새와 짐승이 되는 것이거늘, 어찌하여 잡아먹겠는가?' 하였다. 그러므로 부처님께서 자비하신 마음으로 살생하는 일을 차마 볼 수 없어 말씀하시기를 '너희들이 어두운 곳으로부터 어두운 곳으로 들어갔으니, 이 몸의 껍질로 갚되 남의 것 여덟 냥을 빌었으면 반드시 반 근으로 갚아야 하느니라' 하였다. 만일 허망함을 돌이켜 참된 곳으로 나아가고, 어두운 곳으로부터 밝은 곳으로 들어가려거든 마땅히 삼보에 귀의해야 하느니라."

　김병이 이 말을 듣고 너무 기뻐 합장하고 예배하면서 처자를 버리고 출가하기를 원하였다.

　선계대사는 김 병의 머리를 깎고 계를 설하여 주고 이름을 가화(可化)라고 지었다.

그 후에 가화가 석교(石橋)를 참배하려고 천태산으로 가던 길에 도둑을 만났다.

도둑이 물었다. "어디 가는 놈이냐?"

"석교에 참배하러 가노라."

도둑들은 가화의 행리를 수색하여 돈을 빼앗고 뺨을 때렸다.

가화가 말했다. "이 원수야, 어찌하잔 말이냐?"

"이것이야말로 원수로다!" 하면서 나무에다 가화를 비끄러매고 살가죽을 벗기려 하였으나, 늙은 도둑이 말하였다.

"저 사람은 출가한 스님이니 죽이지 말라."

그리고 놓아 주었다.

가화가 절에 돌아가서 선계대사에게 말하니 선계대사가 말하였다. "노승(老僧)이 너를 구원하지 않았더라면 도리어 여덟 량을 갚을 뻔하였구나."

가화는 그 말을 듣고 그 자리에서 크게 깨달았다.

순회 8년에 선계대사는 습 행인과 함께 강심사(江心寺)에 갔다가, 용왕묘(龍王廟)의 신이 매우 영험하여 신이 형상을 나타내면 풍랑이 일어나 배가 전복되고 파선되므로 사공들이 항상 걱정한다는 말을 들었다.

습행인은 강심사 주지 요공(了公)에게 말하였다.

"부처님이 계실 적에 문수보살이 복성(福城)의 동쪽에 가서 경전을 말씀하였다. 그때 바다에 있던 한량없는 용왕들이 와서 법문을 듣고서 용의 세상을 싫어하게 되어 불도를 구하여 용의 몸을 버리고 인간과 천상에 태어났었다. 그런데 지금 이렇게 횡포한 짓을 하는 용을 항복 받을 이가 없겠는가?"

요공이 말했다.

"선계대사가 계시니 그대는 한번 상의하여 보라."

선계대사는 습행인의 청을 듣고 용왕묘에 가서 꾸짖었다.

"내가 일찍 너에게 미묘한 법을 말하여 용의 몸을 버리고 인간과 천상에 나라고 하였는데, 너희들이 성내는 마음이 많아서 또 나쁜 세상에 빠졌구나. 네가 옛날의 원력을 잊지 않았거든 삼보에 귀의하여 가람을 옹호하라. 그러면 이 나쁜 세상에서 벗어나리라."

이 말을 마치매 용왕의 등상이 저절로 부서졌다.

순희 10년(1183) 가을에 이웃에 사는 허맹현(許孟賢)이 모친의 상을 만나 선계대사를 청하여 천도해 달라 하였다.

선계대사가 말했다. "나는 요새 와서 암탉 고기를

좋아하는데, 댁에 암탉이 있단 말을 들었노라.”

“불사를 마치고 받들어 공양 하리이다.”

선계대사는 가부좌하고 앉아서 자제(慈濟: 자비로 구제함) 삼매에 들어 육도(六道)를 살펴보았다. 그때 그 집 암탉이 담을 넘어 이웃집으로 날아갔는데 이웃집에서 삶아 먹었다.

맹현의 꿈에 모친이 현몽하여 말하였다.

“나는 전생의 업장이 두터워 축생이 되었다가 이제 보살의 제도를 받아 정토에 왕생하노니, 너는 잊지 말고 선계대사에게 감사하여라.”

맹현이 선계대사에게 꿈 이야기를 하였다.

“그대는 이제 신심이 생기는가? 착한 업을 지으면 좋은 과보를 받고 악한 짓을 하면 나쁜 과보를 받느니라.”

맹현은 그 말을 듣고 깨달은 바 있어 일심으로 정토의 업을 닦더니, 죽을 때 향기가 방안에 가득하였고, 가족들은 번개(幡蓋)가 서쪽에서 와서 영접하여 가는 것을 보았다.

순희 11년 8월에 선계대사가 창국(昌國)으로부터 바다로 가던 길에 여인을 만나 물었다.

“왜 그렇게 슬피 우는가?”

"제가 여러 번 자식을 낳았으나 한 번도 기르지 못했습니다. 무슨 까닭입니까?"

"과거의 업보로 얽힌 원수를 그대가 알고자 한다면 내가 그 원수를 불러서 그대와 만나게 하리라."

"저는 여자의 몸이라 그런 원수를 알지 못 하오니 스님의 지시를 바라나이다."

대사가 손가락으로 땅을 가리키니, 큰 구렁이가 땅을 뚫고 나와서 눈을 번쩍거렸다. 여인은 깜짝 놀랐다.

"너는 무서워하지 말라. 저것이 너의 딸이니라."

구렁이가 사람의 말을 했다.

"당신이 나를 죽이지 않았소!"

"내가 언제 너를 죽였느냐?"

"당신은 딸을 물에 빠뜨리던 일을 잊었군! 내가 그 때 물에 빠져 죽은 딸이오. 언제고 당신에게 원수를 갚으려 하였으나 명부(冥府)에서는 당신이 돈을 내어 길을 닦은 공이 있다고 하여서 지금까지 당신을 죽이지 못하게 했소. 그러나 지금은 문수보살의 계를 받았으매 다시는 원수를 갚으려 아니하겠소."

말을 마치고 구렁이는 어디론지 가버리고 그 여인은 대사에게 예배하고 물러갔다.

소희(紹熙) 3년(1192) 12월에 선계대사는 성남(城南)

으로 가는 도중에 나귀를 타고 가는 진천여(陣天輿)를 만났다.

대사가 탄식하되 "아들은 아비의 등에 타고 아비는 아들의 채찍을 맞는구나" 하니, 나귀가 듣고는 껑충 뛰어서 천여를 땅에 떨어뜨리고 꿇어앉는 것이었다.

선계대사는 노래를 읊었다.

진무영(陳茂榮), 진무영!
사람을 해치고 부자가 되었으나
불·법·승 삼보를 믿지 않으니
축생의 과보를 언제나 벗으랴.

나귀는 엎드려 듣더니 사람의 말을 하였다.

"나는 살아서 인과를 믿지 않고 불경을 비방하고 노래나 이야기만 좋아하였습니다. 또 동리에서 호구(戶口)를 조사·정리하면서 백 원을 쓰고는 천 원을 썼다고 속이어 추렴을 거두었으며, 또 자식을 속이고 돈 1백관을 주고 젊은 기생을 첩으로 삼아 흥청거렸더니, 죽은 뒤에 두 번이나 소가 되어 동리 사람에게 빚을 갚느라고 일곱 번 주인을 바꾸었고, 또 죽어서는 다시 나귀가 되어 자식의 빚을 갚느라고 자식의 채찍을 받으면서도 말을 못하고 꾸욱 참았습니다. 이제 스님께서

일러주신 단 이슬 같은 법문을 듣고 말을 하게 되었습
니다. 바라건대 스님께서 자비를 베푸시어 저의 죄업을
씻어주시고, 해탈을 얻어 축생에 태어나지 않도록 해
주소서.”

천여는 이 말을 듣고 통곡하면서 대사에게 애걸하였
다. “바라옵건대 고통을 구원하시는 법문을 열고, 이
나귀의 몸을 벗게 하소서.”

선계대사는 법을 말하였다.

“모든 법은 이름을 빌리었을 뿐, 진실한 것이 아니
다. 허망한 마음이 생기므로 이상한 모양이 나타나느니
라.”

나귀는 이 법문을 듣고 크게 소리 지르고 곤두박질
하여 죽었다. 천여는 염습하고 관에 넣어 장사 지냈다.

천여의 꿈에 아버지가 이렇게 말하였다.

“나는 전세의 죄업으로 짐승의 몸을 받았으나, 문수
보살의 법문을 듣고 벗어났노라.”

천여는 양무제의 ‘자비참’을 행하고 법화경을 읽으면
서 선계대사에게 설법을 청하였다.

선계대사는 법상에 올라앉아 법을 말하였다.

“불보ㆍ법보ㆍ승보를 삼보라 하나니, 삼보의 이름은
다르나 그 실상은 한 모양이며, 모양을 떠난 것이어서

오직 청정하고 묘한 마음이니라. 묘한 마음이 아니면 참된 중이 될 수 없고, 참된 중이 아니고는 바른 법을 말할 수 없으며, 바른 법이 아니면 부처의 지위를 증득할 수 없나니, 다만 자기의 마음이요. 다른 곳에서 구할 것 아니거늘, 너의 아비는 삼보를 믿지 않았으므로 축생이 되었느니라. 법화경에 말하기를 '만일 약대(낙타과에 속한 짐승을 통틀어 이르는 말)가 되거나 나귀로 태어나면, 몸에 항상 무거운 짐을 지고 채찍을 맞으며, 풀이나 물 탓으로 그런 죄보를 받는다' 하였느니라. 그대가 이미 삼보에 귀의하고 경을 읽고 참회하므로 해서, 그대의 아버지가 축생에서 벗어났으니 아득하던 마음이 다시 밝아질 것이 의심 없느니라."

이렇게 말할 적에 허공에서 외치는 소리가 있었다.

"문수보살이 좋은 법문을 말하도다" 하였고, 천여의 꿈에 아버지는 이렇게 말하였다.

"나는 두 가지 업보를 이미 해탈하였노라. 세상 사람들에게 말하노니, 삼보를 공경하고 경전을 읽어서 희유한 생각을 가지고 게으르지 말라. 어찌하다 세상 사람들, 그 묘한 이치를 아는 이 없으므로 나쁜 세상에 빠지는 이는 많고 해탈을 구하는 이는 적구나!"

이듬해에 천태군이 가물어 다섯 달 동안 비가 내리

지 아니하자, 절름발이를 불에 태우고, 무당이 볕을 쪼이며 산천에 기도하였으나 영험이 없고, 뙤약볕에 돌이 녹는 듯하였다. 군수 조방언(趙邦彦)이 성황신(城隍神) 등상을 뜰에 내어놓고 책망하였다.

제때에 비를 내리지 않으니
그 책임이 누구에게 있는가
백성의 생명을 생각지 않음은
직책을 감당치 못함이니라.

이날 저녁에 성황신이 이렇게 현몽하였다.
"용이 비를 내린다 하거니와, 상제의 명령이 아니면 마음대로 비를 내리지 못하는 줄을 당신이 모르는구려 이 성 동쪽에 도솔사(兜率寺)가 있고, 그 절에 선계사리(善戒闍梨)가 있는데 그가 문수보살의 후신이오. 비를 내리게 할 수가 있으니, 그에게 가서 청하시오."

조 군수가 이 꿈을 꾸고는 목욕재계 하고 관속을 거느리고 도솔사에 가서 시자 도주(道稱)에게 청하여 군수가 뵈오려 왔다는 뜻을 알렸다.
그때 선계사리는 술이 대취하여 먹은 것을 토하였다. 관속들이 그런 사실을 말하였으나 군수는 들은 체

도 않고 선계사리가 있는 방에 갔더니, 이상한 향기가
자욱하였고 승속이 들어가 보고 제각기 놀랐다.

선계사리가 물었다.

"군수 영감이 어떻게 오셨소?"

"'제가 전세에 조그만 선근을 심은 연고이온지 국록
을 먹게 되옵고, 칙명을 받자와 이 고을에 왔더니 가
뭄이 심하여 백성이 견딜 수 없삽고, 임금이 박덕하고
정사가 잘못된 탓 이온 지 하늘이 재앙을 내려 신하들
마저 들끓고 있나이다. 그리하여 허물을 생각하고 죄를
뉘우치며 하늘의 용서를 받자오려 하오니, 바라건대 자
비하신 마음으로 굽어 살피옵소서. 듣자온 즉 하늘이
비를 내려 시절이 풍년 드는 일을 스님이 맡으신다 하
오니, 바라옵건대 단비를 내리어 만민의 걱정을 쉬게
하소서. 천만번 비옵나이다."

말을 마치고 두 번 절하였다.

"영감은 걱정 마시오. 보람이 있으리다!"

군수는 물러갔다.

스님은 붓을 들고 무슨 글을 써서 불사르니 곧 비가
내려 사방이 흡족하고, 7월에 파종하여 오곡이 대풍
하였다.

37. 목욕간의 동자들

송나라 지도(至道, 995~997) 연간에 오대산 진용원(眞容院)의 도해(道海)스님이 백승회(百僧會)를 베풀고 여름 석달 동안 화엄경을 읽기로 하였다. 사월 초파일에 목욕물을 마련하는데 여러 가지 약초로 물을 끓이고 좋은 향을 사르며, 홑이불과 수건을 정결히 하고 차와 과일을 깨끗하게 준비하고 노덕 스님들을 청하여 먼저 목욕하게 하였다. 스님들이 옷을 벗다가 문득 물 끼얹는 소리를 들었다. 수좌 한 사람이 들어가 보니 여러 동자들이 몸을 씻고 있는데 살결이 옥과 같았다. 수좌는 의심이 나서 "어디서 왔느냐?"고 물었으나 동자들은 서로 쳐다보면서 웃기만 하였다.

수좌는 밖에 나와서 욕두(浴頭)에게 물었다 "스님들이 목욕하기도 전에 어떤 동자들이기에 먼저 목욕을 하느냐"고. 욕두는 그 말을 듣고 놀라서 목욕간에 들어가 보았다. 찬란한 빛이 방에 가득하고 기이한 향기가 풍길 뿐 사람은 없었다. 그래서 성현이 나타나신 줄을 알고는 옷을 입고 예경한 뒤에 차례차례 목욕하였다.

목욕한 이는 모두 몸과 정신이 상쾌하고 이레가 되도
록 마음이 즐거웠다.

문수보살의 법을 전해 받는 선재동자

선재동자는 문수보살의 마음에 든 문하생이었다.
문수보살은 발원하여 정토에 태어나기를 구하였으며,
그는 선재에게 법을 전하였다. 이는 염불법문이었을 것이다.
후에 선재는 선지식을 방문하여 배움을 청하려고 나왔을 때,
첫 번째 스승이 그에게 염불법문을 가르쳤고,
마지막 스승인 보현보살은 십대원왕十大願王으로
극락에 왕생하도록 인도하셨으며, 그는 선재에게
한 생에 원만하게 부처를 이루도록 가르쳤다.
-정공법사 '아미타경요해강기' 중에서

38. 부정한 손으로 경을 만지면 죄가 된다

송나라 원우(元祐, 1086~1093) 때에 촉군의 지초(智超)법사는 30년 동안 화엄경을 읽었다. 하루는 얼굴이 청수한 동자가 손을 들어 읍하는 것을 보았다.

지초: "어디서 오는가?"
동자: "오대산에서 옵니다."
지초: "무슨 일로 이렇게 멀리 왔는가?'
동자: "드릴 말씀이 있어 왔습니다."
지초: "말하라."
동자: "스님이 독경하는 것은 좋은 일이지만, 한 가지 잘못된 것은 뒤를 보고 씻을 적에 더러운 물이 손등을 적심에도 잿물로 씻지 않는 일입니다. 율문에는 일곱 번을 씻으라 하였거늘, 스님은 두서너 번 씻고 마니 더러운 기운이 남아 있으므로 예불하거나 독경하면 죄가 됩니다."

말을 마치고는 간 곳이 없었다.
지초법사는 참회하고 허물을 고쳤다.

어떤 이는 말하였다.

"이는 문수보살의 화현으로서 지초법사를 경책한 것이요, 또는 모든 수행하는 사람을 경책하는 것이니 뒤를 보면 반드시 법대로 손을 씻어야 할 것이니라. 인과경(因果經)에는 '더러운 손으로 경을 만지면 꽁지벌레(厠中蟲)의 보를 받는다' 하였으니, 청신사 청신녀들이 경을 읽으려면 반드시 법대로 행할 것이며, 경우에 따라서 법대로 씻을 수 없거든 게송과 진언을 읽어야 그 죄를 면할 것이니라."

뒷간에 들어가는 게송(손가락을 세 번 튕기고)
대소변을 볼 때에는 마땅히 원하기를 '모든 중생이 탐심과 진심과 치심을 버리고 모든 죄를 덜어지이다' 하고 진언을 외우라.
(진언) 옴 하로 다야 사바하.

물에 나아가는 게송
일을 마치고 물에 나아갈 때에는 마땅히 원하기를 '모든 중생이 출세하는 법 가운데로 빨리 가게 하여지이다' 하고 진언을 외우라.
(진언) 옴 시리에바혜 사바하.

깨끗하게 씻는 게송

몸의 더러운 것을 씻을 때에는 마땅히 원하기를 '모든 중생이 깨끗하고 부드러워 끝까지 때가 없어지이다' 하고 진언을 외우라.

(진언) 옴 하나 마리제 사바하.

손을 씻는 게송

물로 손을 씻을 때에는 마땅히 원하기를 '모든 중생이 깨끗한 손을 얻고 부처님 법을 받아지이다' 하고 진언을 외우라.

(진언) 옴 주가라야 사바하.

39. 한 등불이 일만 등으로 변하다

　명나라 만력(萬曆) 34년(1606) 4월에 신궁감 태감 (神宮監太監) 양준(楊準)이 칙명을 받들고 오대산에 가서 불공을 올릴 때였다.

　지나는 길에 쌀과 차를 나누어 주며 갔는데 용천관 (龍泉關)에 이르러서는 말에서 내려 걸어가면서 소재주 (消災呪)를 한 번 외우고는 머리를 조아려 한번 절하면서 갔다.

　이렇게 금등사(金燈寺)까지 갔더니, 비와 눈이 내려 엉망진창인데도 주문 외우고 절하기를 조금도 쉬지 않았고, 남대(南臺)에 이르러서는 날이 저물었음에도 대상에서 수십 번을 돌고, 동행한 사람들과 함께 정탑(頂塔) 앞에서 35불께 예배하였다.

　그때 밤은 고요하고 산은 캄캄한데 시내 밑에서 등불이 올라와서 공중에 떠 있었다.

　"금상폐하 만수무강하옵고 태후폐하 성수만안(聖壽萬安)하오며, 천하가 태평하고 만민이 안락하여지이다. 만일 제 소원이 성취되려거든 등불이 여러 개가 되소서."

이런 생각을 할 적에 한 등이 열 개가 되고, 또 백 개가 되고 천 개가 되었다.

여럿이 부처님께 예배하면서 일체세간요견상대정진불(一切世間樂見上大精進佛)을 염하니, 만산초목에 1만 등불이 찬란하게 비치어 광명 그물을 이루었다.

양준이 이것을 보고 피가 흐르도록 머리를 조아리며 한량없이 기뻐하다가, 감격에 넘쳐 속으로 이렇게 말하였다. '제자는 하찮은 내시로서 젊었을 적에는 죄업을 많이 지었으나 요즘에야 불법을 믿거니와, 아무 것도 모르는 범부이온데 어찌 이러한 감응을 얻사오리까. 이것은 반드시 태후와 성상의 지극한 정성과 광대한 덕택으로 이런 상서를 봄이외다. 하물며 지금 태평성대에 3교(教) 9류(流)와 백관(百官) 만민(萬民)들이 흔히 불법을 받들면서 조그만 선근이라도 성상의 덕화라 함은 거룩한 풍속인 줄 아옵니다. 그러므로 보살께서 한 등불을 만등으로 변화시키시니, 만등이 곧 한 등으로 돌아갈 것이외다. 과연 그러하올진댄 많은 등불이 한 등불로 이루어지이다."

그러자 잠깐 동안에 등불이 모여 백이 되고, 열이 되고, 다시 하나가 되었다가 변하여 크고 둥근 광명이 되고, 광명 속에는 한 금색 동자가 청사자를 타고 어디론지 갔다.

40. 인연을 맺고 보살을 만나다

청나라 스님 숭장(崇章)이 북경 익교사(翊敎寺)에 있다가 건륭(乾隆, 1736~1795) 때에 차와 과일을 가지고 오대산의 만연암(萬緣慶)에 가서 인연을 맺으려고 몸소 물을 길어다가 차를 달이더니, 3년 되던 해였다.

머리칼이 백설 같은 할머니가 흰 옷을 입고 동자를 데리고 와서 보살의 등상 앞에 예배하고 숭장에게 문안하고 말했다.

"스님은 서울서 왔습니까?"

숭장: "그렇습니다" 하면서 차와 과일을 권하였다.

할머니와 동자는 차와 과일을 다 먹고는 또 없느냐고 했다. 숭장이 또 주었더니 조금 먹고는 일어나서 작별하고 문으로 나가더니, 홀연 볼 수가 없었다.

41. 등불과 보살이 나타나다

청나라 성홍(成洪)대사는 염성(鹽城) 사람으로 건륭 14년(1749) 5월 15일 오대산 남산사(南山寺)에 가서 규화상(奎和尚)을 만났다. 그날 저녁에 하늘은 청명한데 신기한 등불이 공중에 떠서 산봉우리가 분명하게 빛났다.

규화상이 "이 산에 오는 사람이 보살과 인연이 있으면 신기한 등불이 저절로 나타나지마는, 만일 인연이 없으면 비록 등불이 산에 가득하여도 보지 못합니다." 하니, 이튿날 청량교(淸凉橋)에 이르러 서대(西臺)를 보고, 또 서대로부터 비마암(祕魔巖)으로 가는데 비마암 동구에 이르기 전에 홀연히 부처님이 나타나고, 동구로 들어갈 적에는 삼성(三聖: 비로자나불·문수보살·보현보살)이 나타났으며, 또 광명 속에서 무수한 화신 부처님을 뵈올 수 있었다.
오대를 다 참배한 뒤, 대라정(大螺頂)에서는 신기한 등불이 별처럼 올라오는 것을 보았고, 또 밤중에는 고남대(古南臺)에서 이상한 광명이 꼭대기에 비치어 아침

햇빛처럼 어두운 골짜기를 환하게 비추었다.

성홍대사는 찬탄하였다.

"나와 모든 중생들이 불 붙는 집과 같은 삼계 속을 헤매면서 동서를 모르더니, 이제 보살의 대원경지(大圓鏡智)를 얻어 뵈었으니, 이만한 다행이 없다."

이때 하늘이 아직 밝지 않았는데 몽롱하게 안개가 자욱하며 광명이 스러졌다.

42. 밤중에 해가 뜨다

청나라 요휘(了彙)대사는 호를 도박(度博)이라 하는데 북경의 서산 계대사(西山 戒臺寺)에 있었다.

건륭 27년(1762) 여름에 오대산에 가서 문수보살상에 예배하고 대라정(大螺頂)에 이르러 신기한 등불을 보려 하였다 밤이 깊도록 향을 사르고 기도하면서 수십 번 절을 하였더니, 서산마루에 별안간 해가 나타나 광채가 찬란하고 마음이 상쾌하여 마치 삼매에 든 듯하였다.
곧 동행들을 불러서 보라고 하니 해가 문득 없어졌다.

이튿날 비마암(祕魔巖)을 지나서 깊은 골짜기를 건너가는데 수십 걸음 앞에서 4, 5인이 길을 닦더니, 가까이 가매 문득 보이지 않았고, 바로 용동(龍洞)에 올라가서 분향하고 보살을 뵈오려 하니, 문수보살이 역력하게 나타나서 감격스럽게 친견하였다.

43. 보시할 복으로 왕생하다

청나라 우상치(禹尙治)는 대동부(大同府) 혼원주(渾源州) 서쪽 수마탄촌 사람으로서 선행을 닦으며 보시하기를 좋아하여, 그 고을에서 절을 중건하는 곳이 있으면 힘을 다하여 보시하였다. 또 수마탄촌 남쪽에 큰길이 있는데 군데군데 찻집(茶亭)을 세우고 전답을 기부하여 오고가는 이에게 언제나 차를 마시게 하였으며, 세밑이 되면 성내, 성외의 여러 절에 향촉을 보시하기를 해마다 잊지 않고 하였다.

하루는 우상치가 병이 나서 누웠는데 꿈에 보니 광명이 뻗치고, 광명 속에 어떤 보살의 등상이 낙수(落水)에 전신이 젖는 것을 보았다. 병이 쾌차한 뒤 오대산에 들어가 각지를 순례하더니, 동대 뒤에 있는 나라굴(那羅窟)에서 보살의 등상을 발견했는데 꿈에 보던 바와 꼭 같았다. 측은한 마음을 금치 못하고 집에 돌아와 무쇠로 불당을 만들어 나라굴에 보내 보살상이 물에 젖지 않게 하였다.

그 후 임종할 때에 아들과 손자들에게 유언하기를,

여러 가지 나쁜 일을 하지 말고
모든 착한 일을 받들어 행하라.
큰일을 다 마치었으니
나는 극락세계로 가노라.

말을 마치고 고요히 운명하였다.

44. 노인이 길을 인도하다

청나라 스님 벽운(碧雲)이 건륭 초년에 청량교(淸凉橋)의 길상사(吉祥寺)에 있으면서 오대를 유람하더니, 하루는 늦게 돌아오다가 중대에서 길을 잃었다.

어떤 노인을 만났더니 길을 가리켜 주었다. 한 걸음 걷다가 돌아보니 노인이 게송을 읊었다.

올 적에는 길이 있더니
갈 때에는 길을 잃었네
두 눈썹을 바로 뜨고
활개 치며 걸어가라.

산 머리엔 달이 기울고
뱃나루엔 안개 걷혔네.
노력하여 나아가고
돌아보지 말지어다.

45. 오대산 흙이 창병에 명약임

당나라 복주(福州) 사람 진중량(陳仲良)이 오대산에 갔다가 흙을 담아 가지고 돌아왔다. 창병에 걸려서 백약이 무효한 아내에게 중량이 가지고 온 흙을 주면서 말하였다.

"이것은 문수보살이 주신 약이니 그대가 지성으로 귀의하면 병환이 쾌차하리라."

아내는 문수보살의 명호를 듣고 환희한 마음으로 일어나서 합장하고 '나무 문수보살'을 세 번 불렀더니, 창병이 곧 회복 되었다.

뒤에 오대산을 순례하고 공주사(公主寺)에서 출가하여 비구니가 되고 이름을 법공(法空)이라 했다.

46. 보살을 만나 원결을 풀다

수나라 대주(代州)의 조양상(趙良相)은 재산이 갑부요 두 아들이 있으니, 맏이는 영(盈)이요 둘째는 맹(孟)인데 '영'은 강하고 '맹'은 약하였다. 양상이 임종시에 가산을 반분하여 주는데 '맹'이 좋은 땅을 차지하였더니, 양상이 죽은 뒤에 '맹'의 몫까지 '영'이 빼앗아 가지고 맹에게는 밭 한 뙈기와 집 한 칸만을 주었다. 맹은 품을 팔아 살아 갈 수밖에 없었다.

몇 해 후에 '영'이 죽어서 '맹'의 아들로 태어났는데 이름이 환(環)이요, 그 뒤에 '맹'이 죽어서는 '영'의 손자로 태어나서 이름을 선(先)이라 하였다. 두 사람이 장성하매 '맹'의 집은 더욱 가난하고 '영'의 집은 더욱 부자가 되어서 '환'은 '선'의 머슴이 되어 살고 있었다.

하루는 '환'의 어머니가 '환'에게 말하였다.
"당초에 너의 조부가 재산을 반분하여 두 아들에게 똑같이 나누어 주었는데 '영'이 우리의 재산까지 빼앗아서 가난하게 되었고, 지금은 네가 그 집 머슴이 되었으니 수치스럽고 가탄할 일이다.”

‘환’은 이 말을 듣자 원한을 품고 ‘선’을 죽이려 하였다. 개황(開皇) 초년(581)에 ‘환’이 ‘선’을 따라 오대산에 갔다가 깊은 골짜기에 들어가니 인적이 없었다. ‘환’이 칼을 뽑아 들고 ‘선’을 겨누면서 말하였다.

“너의 조부와 나의 아버지는 형제간인데 네 조부가 내 집 재산까지 빼앗아서 우리 집이 가난하여지고 오늘날은 네 집 머슴이 되었으니, 네 마음이 편안하냐? 이제 나는 너를 죽여 분을 풀겠다.”

‘선’은 이 말을 듣자 재빨리 달아나는데 ‘환’은 그 뒤를 쫓아갔다. 쫓고 쫓기고 하면서 숲속으로 들어가니 조그만 암자가 있었다. 두 사람이 암자로 들어가니 한 노승이 있다가 까닭을 물었다.

‘환’은 “원수를 죽이려 하노라” 대답하니, 노인은 웃으면서 말했다. “그대는 잠깐만 참으라. 그대로 하여금 내력을 알게 하리라” 하면서, 환약을 내어 두 사람에게 먹으라고 했다. 약을 먹었더니 지나간 일이 꿈같이 생각나서 부끄럽고 슬프기 짝이 없었다.

노승이 설하였다.

　"'영'은 '환'의 전신이니 남의 재산을 빼앗았으나 그 것이 곧 자기의 재산을 버린 것이요, '선'은 '맹'이 다 시 와서 전세의 재산을 찾은 것이니 아버지의 유명(遺 命)을 받든 것이니라."

　두 사람은 집을 버리고 출가하여 도를 닦다가 미타 암에서 목숨을 마치었다.

47. 허운선사, 정성이 지극하여 보살을 만남

허운(虛雲)선사는 근대 불문(近代佛門)에 이름난 스님으로서 어려서 어머니를 여읜 것이 한이 되어 부모의 은덕을 갚으려고 오대산에 참배하기로 원을 세웠다. 광서(光緒) 8년(1882) 7월 1일 남해(南海)의 보타산 법화암을 떠나서 향로를 받들고 세 걸음마다 한 번씩 절하면서 오대산까지 가기로 하였다. 멀고 먼 길을 걸어서 이듬해 섣달에 황하의 철사 나루에 다다랐다.

나루를 건너 언덕에 올랐으나 날은 저물고 사방에 인가는 없어 갈 곳이 없었는데 길가에 다행히 헛간이 있어서 들어가 의지하였다. 밤은 춥고 눈이 퍼부어 날이 샐 무렵에는 유리 세계로 변하였는데 눈은 한 자가 넘게 쌓였고 길을 분간할 수 없으며, 왕래하는 사람도 없어 방향조차 찾을 수 없었다.

처음에는 쭈그리고 앉아서 염불을 하였으나, 추위와 굶주림은 점점 심했다. 헛간은 사방에 가리운 것이 없으므로 한 곳에 꼬부리고 엎드렸더니 눈은 퍼붓고 추위는 점점 심했다. 배는 더욱 고파서 실 같은 목숨을 겨우 부지하면서 이렇게 삼일을 지나니, 굶주리고 얼어

염불하는 사람은 처음부터 끝까지 아주 면밀하게
한 자 한 자 한 구절 한 구절 오롯이 염해가야 합니다.
부처가 와도 이렇게 염하고 마魔가 와도 이렇게 염하여,
'바람이 불어도 들어오지 않고 비가 와도 젖지 않을
[風吹不入 雨打不濕]' 정도여야 합니다.
이렇게 하면 성공할 날이 있습니다.
- 중국 근대의 고승 허운虛雲선사

서 꼼짝할 수가 없었고, 눈이 그치고 볕이 났으나 병이 심하여 일어날 수도 없었다.

홀연히 나타난 걸인이 선사가 눈 속에 누운 것을 보고, 누구냐고 물었으나 대답도 할 수 없었다. 얼어붙은 줄을 알고 눈을 헤치고 헛간에 덮었던 풀을 내려 불을 피우고 쪼이니, 따뜻한 기운이 돌며 깨어나고, 또 기장쌀로 죽을 쑤어 먹이니 다시 살아났다.

걸인: "스님은 어디서 옵니까?"
허운선사: "남해에서 옵니다."
걸인: "어디로 가십니까?"

선사: "오대산에 참배하러 갑니다. 그런데 당신은 누구요."

걸인: "문길(文吉)이오."

선사: "어디로 가시오?"

걸인: "오대산에서 오는데, 장안(長安)으로 갑니다."

선사: "오대산에서 온다니 사중(寺中)을 여러 번 다니었소?"

걸인: "나를 아는 이가 많지요."

걸인은 날이 샌 뒤에 기장 죽을 쑤려고 솥에 눈을 퍼부으면서 물었다.

"남해에도 이런 것이 있습니까?"

선사: "없습니다."

걸인: "없으면 무엇을 먹나요?"

선사: "물을 먹지요."

솥의 눈이 녹은 뒤에 걸인은 솥에 있는 물을 가리키면서 물었다. "이것은 무엇이요?"

선사: "……"

그 뒤에 선사는 전과 같이 절을 하면서 길을 걸어서 그 이듬 해에 회경부(懷慶府)에 이르렀다.

길가에서 자다가 그날 밤에 복통을 심하게 앓았다.

냉병까지 걸려서 설사와 이질을 앓으면서도 이튿날 간
신히 길을 걸어 황사령(黃沙嶺)에 이르렀다. 다시 행보
를 할 수가 없어서 영상에 있는 성황당에서 밤을 새우
며, 음식을 한 모금도 마시지 못하고 하루에 수십 번
을 설사하니 일어날 기운이 없었고 산마루인지라 왕래
하는 사람도 없어 눈을 감고 죽기만 기다리고 있었다.
밤이 깊었는데 문득 서쪽 담장 밑에 불을 피우는 사람
이 있는 것을 깨달았다. 자세히 보니 문길이었다. 너무
기뻐서 "여보시오" 하고 불렀더니, 문길도 알아보고
"웬일이오, 당신 어째서 여기 있습니까?" 하면서 약을
내어 먹이고 똥물에 더러워진 옷을 빨아주고 기장 죽
을 쑤어서 먹게 하니 몇 날 지나 병은 좀 차도가 있었
다.

　　선사: "당신은 어디서 옵니까?'
　　문길: "장안에서 옵니다.'
　　선사: "어디로 가겠소?"
　　문길: "오대산으로 가는 길이오."
　　선사: "나는 병이 아직 쾌차하지 못하고 또 절을 하
면서 가는 터이니, 당신을 따라 갈 수가 없구려."
　　문길: "당신은 지난 섣달부터 오늘까지 겨우 여기
왔구려! 절하면서 걷는 길이라 많이 걷지 못하니 언제

오대산까지 가겠소. 게다가 병까지 걸려서 몸은 쇠약한데 아직도 길이 머니 도달하기 어려울 것이요. 여기서 오대산을 향하여 예배만 하여도 마찬가지니, 오대산까지 갈 것은 없지 않소?"

선사: "당신이 나를 염려하는 성의는 고맙소마는, 나는 나서부터 어머니를 뵙지 못하였고 어머니는 나를 낳고 돌아가셨으며, 아버지는 나를 외아들로 두었으나 나는 아버지를 버리고 도망하였으며, 아버지는 도망한 나를 위하여 벼슬을 사양하시고 오래 살지도 못하였으니 하늘이 무너지는 듯 망극하기 수십 년 되었소. 그래서 서원을 세우고 오대산에 가서 보살께 예경하고, 보살의 가피를 입어 돌아가신 부모의 영혼이 이고득락(離苦得樂)하기를 발원할 것이니 가다가 죽더라도 죽은 혼이라도 오대산까지 가서 나의 소원을 달성하려 합니다."

문길: "당신의 효성은 하늘도 감동하겠소. 대단히 고마운 일이요. 나는 지금 오대산으로 가는 길이지만 바쁠 것은 없소. 내가 당신의 짐을 지고 갈 터이니 당신은 절을 하면서 오시오."

선사는 감사히 생각하고 동행하여 태곡까지 갔다가 그 절에 있는 스님들의 괄시를 받았다.

　문길: "여기서는 오대산이 멀지 않습니다. 내가 먼저 갈 터이니, 당신은 천천히 오시오. 그러면 당신의 짐은 져다 줄 사람이 있을 것이오"하며 먼저 떠났다.

　그 뒤에 분주(汾州)를 지나가는데 호남성(湖南省)에 산다는 군인이 현통사(顯通寺)까지 짐을 실어다 주었다. 선사가 현통사에 가서 문길이 있는 곳을 물었으나 아는 사람이 없었고, 후에 어떤 노승에게 문길의 일을 말하였더니, 노승이 합장하며 히는 말이 "아마 문수보살의 화현일 것이라" 했다. 선사는 그 말을 듣고 두 번 절하였고 두 번이나 죽게 되었을 적에 보살의 화현을 만나 살아나서 오대산 참배의 서원을 성취한 일을 생각하고 감격하기 이를 데 없었다.

(여기까지는 중국 헐포(歇浦)의 우설행(尤雪行)거사가 엮은 '문수대사영응록(文殊大士靈應錄)'에서 뽑은 것이다.)

48. 자장스님이 문수보살을 뵈옵다

　　신라의 선덕여왕(善德女王) 인평(仁平) 3년(636), 자
장스님이 제자 승실(僧實) 등 10여 인을 데리고 당나
라 오대산에 가서 돌로 조성한 문수보살 앞에서 7일
동안 기도하였더니, 꿈에 보살이 범어로 된 게송을 일
러 주시었다.

　　"아라바자나 달례다카야 나가혜가나 달례로사나."

　　깨고 나서 게송의 뜻을 몰라 주저하고 있는데 아침
에 어떤 스님이 와서 게송을 풀이해 주었다.

아라바자나 : 온갖 법을 알고 보면
달례다카야 : 제 성품 아무 것도 없나니
나가해가나 : 법의 성품 알면

달례로사나 : 곧 노사나불을 보리라.

  그리고 "비록 많은 경전을 배운다 해도 이것보다 더 나은 것이 없느니라" 하고, 가사와 부처님 사리를 준 다음 어디론지 가버렸다.

  그 후, 자장스님이 본국으로 돌아오려 할 적에 태화지(太和池)의 용왕이 나타나서 자장스님을 청하여 이레 동안 공양하고 나서 "전날, 게송을 일러준 스님이 바로 문수보살이라"고 하였다.

  늙은 뒤에 강릉군(江陵郡)에 수다사(水多寺)를 창건하고 계시더니, 오대산 북대에서 보았던 스님이 와서 말하기를 "내일 그대를 대송정(大松汀)에서 만나리라" 하였다. 자장스님은 일찍 일어나 송정에 가니, 과연 문수보살이 계시었다.
자장스님은 법문을 물었고, 보살은 "이 다음 태백산의 칡 얽힌 곳(葛蟠地)에서 다시 만나자" 하고 간 곳이 없었다. 자장스님은 태백산으로 가서 칡 얽힌 곳을 찾으니, 큰 구렁이가 나무 아래 서린 것을 보았고, 시자에게 말하기를 "이곳이 칡 얽힌 곳이다" 하고 석남원(石南院: 지금의 정암사)을 짓고 보살이 오기를 기다리고 있었다.

얼마 후에 헤어진 옷을 입은 늙은 거사가 '칡 삼태기'에 죽은 강아지를 담아 메고 와서 시자에게 말했다.

"자장을 보려고 왔으니 들어가서 전하여라."

"스님을 뫼신 지 오래였으나 우리 스님의 함자를 함부로 부르는 이가 없었는데, 당신은 누구인데 그렇게 무엄하게 말합니까?"

"네 스승께 그대로 여쭈어라."

시자가 들어가서 사실대로 말하였다.

자장스님은 미처 생각을 못하고 '미친 사람이 왔는가 보구나' 하였다.

시자가 나와서 책망하니 거사는 "갈 수밖에 없지, 아상(我相) 있는 사람이 나를 만날 수 있겠느냐" 하고 데리고 왔던 삼태기를 털어놓으니, 강아지가 변하여 사자좌가 되었다. 거사는 사자좌에 올라 앉아 광명을 놓으며 가버렸다.

자장스님이 그 말을 듣고 위의를 갖추고 나와서 광명을 따라 남산에 올라갔으나 종적이 묘연하였다.

49. 경흥 대덕이 보살을 만나다

신라 신문왕 때의 경흥 대덕(憬興大德)은 성이 수(水)씨요, 웅천주(熊川州) 사람이다. 18세에 출가하여 경·율·논 삼장을 통달하고 당대에 이름을 떨치었다. 문무왕(文武王)이 승하(昇遐)하실 적(631)에 신문왕(神文王)에게 유언하기를 "경흥법사는 국사(國師)가 될 만하니라. 내 명령을 잊지 말라" 하였다. 신문왕이 즉위하여 국로(國老)를 삼아 삼랑사(三郞寺)에 있게 하였더니, 병이 들어 한 달쯤 신고하는데, 한 비구니가 와서 문병하고 선지식이 병의 원인을 말하는 화엄경의 대목을 들어 말하였다.

"지금 스님의 병환은 근심으로 생긴 것이니 기쁘게 웃어야 다스릴 수 있습니다" 하고는, 열한 가지 모양을 내어 우습게 춤을 추었다. 가지각색 변화하는 태도가 이루 말할 수 없어 모두들 창자가 끊어지도록 웃었고, 대덕의 병은 씻은 듯이 나았다. 그 비구니가 문을 나가 남항사(南巷寺)로 들어갔는데, 가지고 다니던 지팡이가 십일면 관세음보살 탱화 앞에 있었다.

　하루는 대덕이 왕궁에 들어가려고 시중들로 하여금 동문 밖에서 말에 안장을 얹어 행차를 준비하도록 하였는데 허술하게 차린 어떤 중이 석장을 짚고 치롱(강주리)을 지고 와서 말 타는 언덕 위에 쉬고 있었고, 치롱에는 마른 비웃(청어를 말린 것)이 담겨 있었다.

　시중들이 묻기를 "그대는 중으로서 어찌하여 부정한 물건을 지고 다니느냐?" 하였더니, 그의 대답은 이러하였다. "산 고기를 두 다리 사이에 끼고 다니는 중도 있는데, 마른 비웃을 등에 지고 다니는 것이야 잘못될 게 무언가?" 하면서 떠나갔다.

　대덕이 나와서 그 말을 듣고 사람을 시켜 따라갔더니, 남산 문수사(文殊寺)의 삼문 밖에 치롱을 버리고 사라졌는데, 석장은 문수보살의 앞에 있었고 치롱에는 솔나무 껍질이 있었다. 갔던 사람이 와서 사연을 전하니 경흥대덕이 듣고 탄식하기를 "보살께서 내가 말을 타고 다니는 것을 경계하심이라" 하고 다시는 말을 타지 아니하였다.

　보현장경(普賢章經)에 보면 미륵보살이 말씀하시기를 "내가 당래세에 남섬부주에 나서 석가모니 부처님의 말법제자(末法弟子)를 먼저 제도할 것이나 말 타고 다니는 비구는 제도하지 않으리라" 하였다.

50. 연회국사와 문수재

　신라 때 연회(緣會) 큰스님이 영취(靈鷲)산에 숨어 살면서 법화경을 읽고 보현행을 닦고 있었는데, 마당에 있는 못에는 항상 연꽃이 피어서 4시로 없어지지 아니하였다.

　원성왕(元聖王, 785~798)이 그 사연을 듣고 청하여 국사로 봉하려 하였다. 연회스님이 그 소문을 미리 듣고 살던 암자를 버리고 도망하여 서쪽 산골짜기를 지나가는데 어떤 노인이 밭을 갈다가 물었다.

　"대사는 어디로 가시오?"
　"나라에서 소문을 잘못 듣고 나에게 벼슬을 봉하려 한다기에 피하여 가는 길이오."
　"여기서 팔지, 멀리 갈 것 있나. 대사는 이름 팔기를 좋아하는 사람이오."

　연회는 자기를 모욕한다고 생각하여 들은 체도 않고 몇 리를 가다가 시냇가에서 한 노파를 만났다.
　노파가 물었다.

"스님은 어디를 가십니까?"

"나라에서 잘못 듣고 나에게 국사를 봉한다기에 피해 가는 길이오."

"앞에서 누구 만난 일 없소?"

"어떤 늙은이를 만났는데, 나를 모욕하기에 노여워서 옵니다."

"문수보살인데 그의 말씀을 왜 듣지 않았소?"

연회스님은 그 말을 듣고 송구하여 노인이 있는 곳으로 돌아와서 머리를 조아리며 참회하였다.

"성인의 말씀을 거역할 수 없사와 지금 도로 왔나이다. 저 냇가에 있는 할머니는 누구입니까?"

"변재천녀이다" 하고는 홀연히 사라졌다.

스님이 암자에 돌아왔더니. 얼마 뒤에 사신이 조서를 가지고 왔다. 스님은 인연을 어길 수 없음을 알고 사신을 따라 궐내에 들어가서 국사가 되었다.

그 뒤에 노인을 만났던 곳을 문수재(文殊岾)라 이름하고, 변재천녀 만났던 곳을 할미고개라고 이름하였다.

51. 신라의 두 태자가 수도한 일

자장스님이 당나라로부터 신라에 돌아온 후, 신라 정신(淨神)대왕의 태자 보천(寶川)·효명(孝明) 형제가 하서부(河西府)에 사는 세헌 각간(世獻角干)의 집에 이르러 하룻밤을 쉬고, 이튿날 천여 명의 신하들을 데리고 성오평(省烏坪)에 가서 여러 날 유람하였다. 하루는 두 형제가 가만히 언약하고 아무도 모르게 오대산에 들어가 숨어버렸고, 신하들은 태자의 간 곳을 모른 채 서울로 돌아갔다. 두 태자가 산중에 들어가니 땅 위에 청련화가 핀 곳이 있었다.

형 태자가 암자를 그곳에 짓고 사니 보천암이요, 거기서 동북으로 6백 보를 가서 북대의 남쪽에 또 청련화가 피었으므로, 동생 태자가 암자를 짓고 살면서 부지런히 도를 닦았다.

하루는 두 태자가 봉우리에 올라가 예경하는데, 동대의 만월산(滿月山)에는 1만 관세음보살의 진신이 계시고, 남대의 기린산(麒麟山)에는 8대 보살을 우두머리로 1만 지장보살이 계시고, 서대의 장령산(長嶺山)에는 무량수여래를 우두머리로 1만 대세지보살이 계시고, 북대의 상왕산(象王山)에는 석가여래를 우두머리로 5백 아라한이 계시고, 중대의 풍로산(風盧山)에는 비로자나불을 우두머리로 1만 문수보살이 계시었다. 두 태자는 낱낱이 예경하였다.

　날마다 인시(寅時)에는 문수보살이 진여원(眞如院)에 오시어서 여섯 형상으로 변화하니, 혹은 부처님의 얼굴로 변하고, 혹은 보배구슬 모양이 되고, 부처님의 눈 모양, 부처님의 손 모양, 1만 부처님의 머리 모양, 1만의 등 모양, 금다리(金橋) 모양, 금북 모양, 금종 모양, 신통한 모양, 금누각 모양, 금바퀴 모양, 금강저 모양, 금독 모양, 금비녀 모양, 5색의 광명 모양, 5색의 원광(圓光) 모양, 길상초(吉祥草) 모양, 청련화 모양, 금밭 모양, 은밭 모양, 부처님 발 모양, 번개 모양, 여래가 솟아오르는 모양, 지신(地神)이 솟아오르는 모양, 금봉황 모양, 금까마귀 모양, 말이 사자 낳는 모양, 닭이 봉황 낳는 모양, 푸른 용 모양, 흰 코끼리 모양, 까치 모양, 소가 사자 낳는 모양. 뛰는 멧돼지 모양, 푸른 뱀 모양으로 변화했다.

　두 태자는 이런 신통을 보고 우통수(于筒水) 물을 길

어다가 차를 달여서 문수보살께 공양하고 밤에는 각각 암자로 가서 도를 닦았다.

　정신왕의 동생이 왕의 자리를 다투므로 백성들이 폐위하고 장군 네 사람을 오대산으로 보내어 태자를 맞게 하였다. 네 사람이 오대산에 들어서니 5색 구름이 7일 동안 산에 덮이었으므로, 두 태자가 있는 곳을 곧 알게 되었다. 네 장군은 암자로 찾아가서 노부(鹵簿: 고려와 조선 시대, 임금이 거둥을 할 때 갖추던 여러 가지 의장)를 벌려 세우고 두 태자에게 환궁하기를 청하였다. 보천태자는 울면서 사양하므로 그들은 효명태자를 받들고 돌아가 임금으로 모셨다.

　신룡 원년(神龍元年) 을사(705) 3월에 효명대왕은 오대산에 진여원을 중건하면서 백관을 거느리고 와서 전당과 요사채를 짓고 문수보살을 조성하여 봉안하였다.

(이상의 네 가지는 〈삼국유사(三國遺事)〉에 있는 이야기)

52. 나라의 재에 참석한 문수보살

　　신라 말년, 나라가 쇠잔하였을 때에 김부 (金傅) 대왕(경순대왕, **그림**)은 도학이 높은 고승을 청하여 나라의 재(齋)를 올리면서, 국태민안 하기를 기원하려고 신하에게 명령을 내렸다. 그래서 국내의 유명한 사찰에 고승·대덕을 추천하라고 하였으나, 추천하여 오는 고승이 없었고 입재하는 날 석양에 의복이 남루하고 행색이 초라하고 풍창병이 크게 걸린 중 하나가 자원하여 들어왔다. 재는 지내기로 하였고 시각은 급박하매 하는 수 없이 그 재에 참여케 하였더니 대신들은 큰 풍창병에 걸린 중이 참여한 재에 올렸던 음식을 먹을 수 없다고 의논이 분분하였다.

　김부 대왕은 그 중을 보고 "내일 아침, 나라의 재에 참여하였다는 말을 누구에게도 하지 마시요" 하고 당부하였더니, 그 중은, "대왕께서도 누가 묻더라도 문수보살이 재에 참석하였다는 말씀을 하지 마시오" 하고는 동자로 변하여 빨리 달아나는 것이었다.

　그제야 대왕은 놀라서 차비도 차릴 새 없이 따라갔으나 울산을 지나서는 어느 마을 앞에서 더 가지 못하고 "할 수 없다"고 탄식하였으니, 그 마을 이름이 지금의 '혈수정'이고, 또 거기서 십리쯤 더 가서 보니 간 곳이 없었다. 그래서 그 마을 이름을 '무거리'라고부른다. 거기서 십 리쯤 올라가서 망회(望回)라는 곳에서 사방을 바라보니 지금의 문수암 앞 암대(巖臺) 위에 문수동자가 청사자를 타고 가는 것이 보였다. 그래서 문수암 앞산에 올라가서 '문수보살님!' 하고 세 번 불렀다. 그 후 그곳을 삼초대(三招臺)라고 한다.

　그때 동자가 나타나서 "대왕께서 문수보살을 친견하려거든 이곳에 절을 짓고 기도를 하십시오" 하는 것이었다. 그래서 그 앞에 절을 지었으니 이름이 금선대(金山臺)다.

53. 문수보살과 함께 안거한 세 스님

　고려 어느 때의 일이다. 명오·달진·혜명 세 스님이 오랫동안 정진하였으나 별로 소득이 없어서 어느 겨울 안거에는 결사적으로 용맹정진하기로 약속하고 양식을 준비하여 가지고 삼척의 태백산 심원암(深源庵)으로 갔다.

　10월 14일이 되어 결제(結制)할 준비를 하고 있는데 뜻밖에도 섬찍 같은 누더기 걸망을 짊어진 노장이 와서 방부를 드린다. 결제 중에는 중이 다니지 못하는 법이었으므로 그 밤을 새면 15일이니 방부를 받지 아니 할 수도 없었다.

　세 스님은 비밀리에 서로 의논하였다.

　"저 노장을 받지 아니할 핑계가 없으니, 방부를 받기는 하되 정진하는 규칙을 엄하게 세워서 잠깐만 규칙을 어기어도 호되게 경책하면, 필경에 경책에 못 이겨서 자발적으로 떠날 터이니 그렇게 하자."

　그래서 방 가운데 앉혀 놓고 잠깐만 졸아도 선척으로 여지없이 때리기도 하였다.

　그런데 그 노장은 입선만 하면 마구 조는 것이다.

약속한 대로 스님은 번갈아서 노장을 선척으로 때렸다. 그러나 그렇게 많이 맞던 노장도 몇 달 뒤에는 한가운데 앉아서 조금도 조는 기색이 없고, 도리어 세 사람을 경책하는 것이었다. 세 사람은 노장의 경책을 받으면서 삼동을 지났다.

해제를 하고 나서 노장이 말하기를, "소승은 양식도 없이 와서 스님들 덕분에 겨울을 잘 났습니다" 하고는 누더기 걸망을 지고 주장자를 들고 왼쪽으로 휙 돌더니, 청사자를 만들어 타고 허공으로 올라갔다.

세 스님은 이 광경을 보고는 깜짝 놀라서 허공을 향하여 무수히 절하고, "문수보살이시어, 저희들에게 인연터를 가르쳐 주소서" 하고 애걸하였다.

어디선지 삼척 동자가 나타나더니, "명오는 갈래사로 가고, 달진은 금룡사로 가고, 혜명은 법흥사로 가거라." 하였다.

54. 세조대왕과 문수동자

　조선의 세조(世祖) 대왕은 즉위한 후로 온몸에 만신창이 생겨서 백약이 무효하고 괴롭기 비길 데 없었다. 등극한 지 9년 되던 해(1464)에 오대산의 문수도량에 가서 지성으로 백일기도를 마치고 월정사의 상원암(上院庵)에 갔다가 한번은 좌우를 물리치고 혼자서 시냇가에 나아가 옷을 벗고 목욕하는데, 어떤 사미승이 숲속을 지나갔다. 왕은 사미를 불러서 등을 밀어달라고 하였다. 사미가 몸을 문질러 주는데 상쾌하기 짝이 없고, 몸을 살펴보니 창병이 씻은 듯이 나았다. 세조는 이상

하게 생각하며 사미에게 고맙다고 치사하고 부탁하였
다.

"너는 혹 다른 사람을 만나더라도 옥체에 손을 대었
다고 말하지 말아라."

사미는 "그러하오리다. 대왕께서도 문수보살을 친견
하였노라 말씀하지 마십시오" 하고는 온데간데없었다.

세조는 크게 놀라 화공을 불러서 만났던 문수동자의
화상을 그리게 하여 상원암(상원사)에 봉안하였다.

55. 환우화상이 문수동자의 경책을 듣다

이조 중엽에 금강산에 환우(幻愚)화상이 있었는데 문하에는 수많은 대중이 검소한 생활을 하고 있었다. 한번은 서울 사는 어떤 대감이 금강산을 구경하다가 환우화상을 만나고, 그들이 검소하게 살아가는 것을 보고 크게 느낀 바 있어 환우화상에게, "한번 서울에 오시어서 내 집에 다녀가시오" 하고 간청하였다.

다녀간 뒤에 대중은 그 소식을 듣고 화상에게 여쭈었다. "노스님께서 서울 대감댁에 한 번 오시면 우리의 어려운 생활에 얼마쯤 도움이 될 줄 생각합니다."

화상은 '산에 있는 중이 죽이 되나 밥이 되나 생기는 대로 먹고 지내지, 시주의 것을 바라는 것이 옳지 못하다'고 생각하였으므로, 대중의 청을 듣지 아니하였다. 그러나 대중이 여러 번 간청하므로 마지못하여 하루는 길을 떠나 서울까지 가서 그 대감댁을 찾아갔다.

대감은 환우화상이 찾아온 것이 하도 반가워서 상좌(上座)에 맞아들이고, 그동안 막혔던 회포를 말하였다. 그리고 우선 안으로 들어가서 차담을 마련하라고 이르고 있었다.

대감이 안으로 들어간 뒤에 벽장문이 열리면서 삼척
동자가 나오더니 큰 소리로 타이르는 것이었다.

"환우 노장! 금강산에는 솔잎도 없소? 풀뿌리거나 솔
잎이거나 닥치는 대로 배를 채우면 그만이지, 그 밥그
릇을 떠났단 말이오!" 하고 사라지는 것이었다.

화상은 생전 처음으로 시주를 찾아온 것이 한없이
미안하던 차에 동자의 형상 없는 방망이를 맞고는 홀
연히 깨닫고 곧 일어나서 금강산으로 돌아왔다.

대중은 화상의 말씀을 듣고, 화상의 일평생 청렴한
마음을 문수동자가 알고 경책한 것이라 생각하고 화상
의 도덕을 못내 우러러보았다.

안방에서 나온 대감은 화상이 떠난 것을 알고, 도인
을 접대하여 본 경험이 없는 자기의 태도가 화상의 마
음에 어긋나지 않았는가 생각하여, 미안함을 견딜 수
없었다.

그래서 그 후부터 해마다 철을 맞추어 쌀과 옷감과
수도에 필요한 도구를 말에 실어서 금강산으로 보냈다
한다.

56. 땡초로 변화한 문수보살

　황해도 구월산 패엽사(貝葉寺)의 하은(荷隱)법사는 근래에 유명한 대강사로서 참선도 많이 했고 수행이 놀라와 전국에 이름 높은 선지식이었다. 1894년에 70이 가까운 늙은 몸으로 남방에 가서 유수한 선객들을 만나 참선도 하고 법담도 하기 위하여 걸망을 지고 길을 떠났다.

　얼마를 가다가 하루는 사리원에서 하룻밤을 쉬게 되었는데 객주집 주인은 특별히 친절하게 대우해 주었다. 해가 지고 초저녁이 되었는데 난데없는 땡추중이 그 객주집에 와서 유숙하기를 청하는 것이 아닌가. 초록은 같은 색이라고 생각한 주인은 하은스님이 들고 있는 방에서 함께 쉬라고 인도했다.

　그 땡추중은 문을 열고 들어오면서 하은스님을 보더니 "구월산의 하은당이 아닌가?" 한다.

　하은스님이 이상히 여기며 쳐다보니 키는 9척이요 깎은 머리는 얼마나 오래 되었는지 귀 밑을 덮었고, 의복은 남루하고 걸망은 북통 같은 것이 행색이 험악

하며 두 눈은 부랑하여 꿈에 보면 학질이라도 떨어질
듯하였다. 그때는 지금 같이 여관도 없고, 객주집은 어
디를 가든지 한 방에 열 사람이라도 함께 자도록 되어
있으므로 하는 수 없이 하룻밤을 같이 지내게 되었다.

　그 땡추중은 주인을 부르더니 저녁상은 엽전 한 냥
짜리로 차려 오라고 한다. 주인은 눈이 둥그레지며 갖
은 정성을 다하여 상다리가 부러지도록 차려 왔다. 땡
추는 술을 사발로 부으라고 하더니, 걸망 속에서 돼지
다리를 꺼내어 먹으면서 하은스님께도 먹기를 권하였
다.

　하은스님은 주육(酒肉)은 생래에 먹어본 적이 없노라
사양하였더니, 그 땡추는 "소승이로구나" 하면서 다시
는 권하지도 않고 혼자서 술과 돼지 다리와 밥 한 상
을 눈 깜짝할 새에 먹어치우고서는, 골통 담뱃대에 독
한 담배를 담아서 굴뚝연기처럼 피우니, 담배연기가 방
안에 가득 찼다. 하은스님은 견딜 수가 없었지마는 그
험상궂게 생긴 땡추에게 항의할 수도 없어서 억지로
참고 있었다.

　땡추는 담배를 연거푸 세 대를 피운 뒤에 물을 청하
여 양치를 하고 나더니, 가부좌하고 앉아서 소리를 높
여 화엄경을 읽는 것이다. 웬일인지 그 독한 담배연기
는 향내로 변하고 방안에는 광명이 찬란하였다. 하은스

님은 어찌할 줄을 모르고 어안이 벙벙하였다.

　땡추중은 하은스님을 노려보며 말하는 것이었다.
　"하은, 하은 하기에 어지간한 줄 알았더니, 그런 역량으로 어떻게 참선을 하고, 제방 선객들을 만나겠다고 떠났는가? 부질없는 생각 말고 구월산으로 돌아가서 패엽사나 잘 수호하게" 하면서, 지고 왔던 걸망을 던져 청사자를 만들어 타고 공중으로 사라지는 것이었다.

　패엽사는 주봉이 5봉인데 문수 · 보현도량이라 하며, 법당은 한산보전(寒山寶殿)으로 문수보살과 보현보살을 주불로 하고 관세음보살과 대세지보살이 좌우 보처가 되어 있다. 하은스님은 문수보살을 친견하고는 그 길로 구월산으로 돌아가서 수도에 전력하였다 한다.

(위의 다섯 가지는 우리나라 전설임)

　　문수보살의　묘길상(妙吉祥)하고　묘덕(妙德)이
며 묘음(妙音)인 위신력은 또 어디서 왔는가 하
면 그의 크나큰 원력(願力)에서 나온 것입니다.
보적경(寶積經)에 의하면 이 보살은 헤아릴 수
없이 먼 과거세(過去世)로부터 열여덟 가지 대
원(大願)을 발하여 불국(佛國)을 엄정(嚴淨)케 하
였다고 했으며, 이 책에 수록한 문수사리보살불
찰공덕장엄경(文殊師利菩薩佛刹功德莊嚴經)에서도
그와 같은 문수보살의 대원이 구체적으로 말씀
되고 있습니다. 또 이 책에 수록된 문수보살의
영험록 첫 장에서는 보다 간절한 십대원을 말씀
하고 있어 우리의 심금을 울려주는 바가 큽니
다.

"가장 큰 불사는 염불로 정토에 왕생해 성불하는 것"
_ '한국의 상참괴승' 자운율사

김성우[3] 글

"서쪽을 향하여 합장하고 단정히 앉아 아미타불 명호를 칭명
하면서 조용히 입적하시니, 향기가 진동하고 묘한 소리가 청
아하였으며, 염불소리와 함께 입으로부터 오색 광명이 서쪽
하늘을 가득 메웠다." 〈자운율사 탑비〉

10만 명에게 수계한 조계종 계단의 확립자

한국 근현대불교사에서 가장 많은 스님과 불자들에게 계첩을
수여한 스님은 단연, 자운(慈雲, 1911-1992) 율사일 것이다.
조계종의 전계대화상으로서 40여 년간 10여만 명에 달하는
수계제자를 배출한 분이다. 동시에 그는 28세에 용성(龍城)
선사께 인가를 받고, 1947년에는 도반이었던 성철(性徹), 향
곡(香谷), 청담(淸潭) 스님과 함께 봉암사결사를 주도한 선(禪)
수행자이기도 하다.

하지만, 한국불교를 대표하는 율사이자 선사인 자운 스님이

---

3) 도서출판 비움과소통 대표를 맡아 문서포교에 매진하는 한편, 다음카페 무량수
여래회 cafe.daum.net/MRSB 카페지기로 매월 2회 이상 아미타불 염불 철야
정진법회를 주관하면서 정업(淨業)을 닦고 있다.

40세 이후로는 염불수행에 매진해 일생 동안 수많은 염불행자들을 지도한 정토의 선지식임을 아는 불자들은 그리 많지 않을 것이다. 임종 시에 아미타불의 접인을 받고 희유한 서상(瑞祥)을 나타내며 윤회를 벗어난 깨달음의 세계인 정토에 왕생한 자운 스님은, 조계종의 계단(戒壇)을 확립하고, 정토수행의 완성을 보여준 우리 시대의 사표(師表)가 아닐 수 없다.

율사이자 선사로 왕생한 정토의 조사

열반하시는 날까지 하루도 거르지 않고 '아미타불' 염불 10만 번, 〈아미타경〉 48편 독송, 아미타불 예경 1080배 등을 행한 원력보살! 자운 스님은 아미타불과 극락세계에 대한 믿음(信), 육도윤회를 벗어난 정토에 화생하겠다는 발원(願), 염불행(行)이란 성불의 3가지 양식(資糧)을 갖춘 정토수행이 가장 큰 불사라며 〈정토삼부경〉(법정 스님 역) 서문에서 이렇게 밝힌 바 있다.

"(아미타) 부처님을 뵙고 서방의 정토에 왕생하여 성불하는

것, 이 이외에 더 크고 긴요한 불사는 없는 것입니다. 우리
는 다 같이 여기 옮겨 싣는 정토삼부경의 가르침과 그 인연
공덕으로 이고득락(離苦得樂)하고 왕생정토(往生淨土)하여 이
윽고는 대각을 성취하길 바라마지 않습니다."

16세에 순치황제 출가시 듣고 발심

자운당(慈雲堂) 성우(盛祐) 스님은 1911년 강원도 평창군 진
부면 노동리에서 태어났으며, 7세부터 진부면 서당에서 〈동
몽선습〉, 사서삼경 등 유서를 공부하였다. 1926년, 16세에
정초기도를 위해 절에 가는 어머니를 따라 오대산 상원사에
가서 혜운경윤 스님으로부터 "세속의 100년 3만 6천 일보
다, 출가의 반나절이 더 낫다."는 순치황제 출가시를 듣고
발심하여 1927년, 17세의 나이로 출가를 결심했다. 그는
곧바로 해인사로 달려가 팔만대장경 판전에서 1만 배를 올
리고 혜운 스님을 은사로, 남천한규 화상을 계사로 사미계
를 수지하고 서원게를 읊었으며, 같은 해 범어사 금강계단
에서 보살계를 받았다.

1929년 해인사 강원에서 사교과를, 1932년 범어사 강원에
서 대교과를 졸업하고 1934년 범어사에서 경념 율사로부터
비구계를 수지한 스님은 이때부터 본격적으로 율장 연구를
시작하여 5부 대율을 날마다 서사(書寫)하고 지송하였다.

3년 장좌불와하고 용성선사 인가 받아

거대하고 오래된 성불학교成佛學校

서방정토는 거대한 학교이니 아미타불께서 시방중생을 접인하여
그곳에 가서 배우게 하시고 음식이나 의식을 공급하신다.
학비를 낼 필요도 없고 햇수도 한정이 없다.
그곳은 가없이 넓고 크며 아득한 옛날에 건립된 곳이다.
그 학교에 들어간 자는 어떤 근기를 막론하고
무생법인無生法忍을 증득할 때 제1차 졸업을 하게 된다.
어떤 자는 그곳에서 수업을 받게 되고, 어떤 경우에는 다른
곳으로 가서 교화를 받게 되지만 그의 원은 달라지지 않는다.
이로부터 십주十住, 십행十行, 십회향十回向 등 삼현三賢의
지위를 원만히 한 후에 초지初地에 들어갔을 때 제2차 졸업을
하게 된다. 다시 초지로부터 등각等覺에 이르러 묘각妙覺의
과해果海에 들어갔을 때 제3차 졸업을 하게 된다.
-방륜方倫의 '정법개술淨法槪述'

1935년 범어사 선원에서 하안거를 마치고, 3년 동안 울진 불영사에서 눕지 않고 꼿꼿이 앉은 채(長坐不臥)로 결사(結社)하였으며, 1937년 문경 김룡사와 양산 통도사 선원에서 하안거와 동안거를, 1938년 울산 학성선원에서 하안거를 지내며 선리(禪理)를 깊이 참구하여, 드디어 용성 선사로부터

인가를 받기에 이른다.

자운 스님은 같은 해, 도봉산 망월사에서 용성 선사로부터 '달마가 서쪽에서 온 깊은 뜻(西來密旨)'에 대해 선문답을 한 다음, "청산은 항상 걷는데 백운은 영원히 움직이지 않네, 사람이 물속을 걸어가는데 물이 옷에 붙지 않도다(靑山常運步 白雲永不動 人踏水底過 水不着衣裳)"라는 오도송을 지어 올렸다. 용성 스님은 이를 인가하고 입실건당토록 하고 전법게와 함께 의발을 전해주었다.

오대산 백일기도로 문수보살 계시 받아

1939년에는 일제의 식민수탈로부터 조국을 해방하고 불교를 중흥시키려는 대원을 세우고 오대산 중대 적멸보궁에서 날마다 20시간씩 백일 용맹정근으로 문수기도를 봉행하였다. 그러던 중, 99일째 되는 날 황홀한 가운데 푸른 빛의 사자를 타고 나타난 문수보살로부터 "너는 불교의 중흥을 위해 계율정신을 진작하라"는 계시를 받고 심지계법문(心地戒法門)을 통달하여, 계율로 무너진 수행가풍을 진작하는 힘을 갖추게 되었다.

스님은 1940년 이후 10여 년간 제방선원에서 정진한 후, 본격적으로 율장 연구에도 심혈을 쏟았다. 당시 서울 대각사에 주석하면서 희귀한 율장을 구할 수 없어 2년여에 걸쳐 삼복염천에도 두터운 장삼을 입고 날마다 국립중앙도서관에서 일본의 만속장경(卍續藏經)에 실려있는 오부 율장(五部律藏)과 그 주소(註疏)를 모두 필사하여 연구할 정도였다.

1948년 37세 때, 처음으로 문경 봉암사에서 결사하면서 보살계 수계법회를 봉행했으며, 1951년에는 6.25 한국전쟁으로 인해 엄청난 재난에 처한 재가불자의 수행과 교화를 위해 부산 감로사를 창건했다. 1955년 교단정화이후 초대 해인사 주지에 추대되어, 이듬해 해인사 금강계단 전계화상에 추대된 이후 1981년 종단 단일계단이 형성될 때까지 30여 년 동안 수계증을 받은 수계 제자가 무려 십만여 명에 달했다.

매일 10만 번 '아미타불' 고성염불

1956년 재단법인 해인학원 이사장, 1958년 조계종 감찰원장, 1967년 범어사 주지를 지내고, 1957년 이후로는 계율과 정토수행을 하나로 보는 계정일치(戒淨一致) 수행을 제창하고 경전과 율전의 한글 번역에 매진하였다. 〈무량수경〉 〈자비도량참법〉 등 21종에 이르는 한글본을 출간 유포했으며, 〈미타예찬〉 〈정토의범(淨土儀範)〉 등 중요 정토서적 9만여 부를 거의 자비로 간행, 유포했다.

자운 스님은 감로사에 주석하면서 주야로 여섯 차례에 걸쳐 예불과 염불을 봉행하였다. 매일 새벽 2시에 일어나 '아미타불' 고성염불을 십만 번씩 하면서 미타예경 1080배로 참회(禮懺)와 절을 겸하였다. 특이한 것은 스님의 염불수행은 염불진언을 함께 닦았다는 점이다. 즉, 하루 30만 독씩 '아미타불 종자(種子)진언'(흘리·紇哩)을 염하였고, '아미타불 본심미묘진언'(다냐타 옴 아리다라 사바하)과 '무량수여래 근본다라니' 등을 하루에 108번씩 외우면서 정진하였다. 또한 오후 4시 아귀들의 고통을 덜어주는 헌식 외에는 하루 한 끼니만의 일중식(日中食)을 공양하면서도 삼천배의 정진을 늦추지 않았다.

조계종 총무원장 · 역경원장으로 헌신

자운 스님은 철저한 지계행과 정토수행 가운데서도 한국불교의 중흥을 위해 사심 없이 종무행정에 헌신하기도 했다. 스님은 1976년 조계종 원로에 추대된 데 이어 총무원장에 취임하였으며, 1977년 재단법인 대각회 이사장에 취임하였고, 이듬해 조계종 대종사 법계를 품수하였다. 1981년 종단 단일계단 전계화상에 추대된 스님은 1987년 동국역경원장에 이어 재단법인 동국역경사업진흥회 이사장에 취임, 역경불사의 반석을 다지기도 했다.

세수 81세가 되던 1991년 10월 30일, 자운 스님은 범어사 금강계단에서 종단 단일계단 제12회 수계법회를 마친 후 계단에 앉아 "나는 금년 말이나 내년 초에 금생의 보년(報年)

이 끝날 것이므로 종단 단일계단의 단주(壇主)를 고별한다."
며 입적을 예고하였다.

기이한 향·광명의 서상 보이며 왕생

과연 이듬해 초인 1992년 2월 7일(음력 1월 4일), 스님은
해인사 홍제암에서 "참다운 성품은 둥글고 밝으며 본래 공
하여 광명이 시방을 극히 청정하게 비추나니(眞性圓明本自空
光照十方極淸淨), 올 때는 청풍이 소요하듯 오고, 갈 때는 밝
은 달을 따라 자재하게 가네(來與淸風逍遙來 去隨明月自在
去)."라는 임종게를 쓴 다음 서쪽을 향해 합장하고 단정히
앉아 아미타불의 명호를 칭명하면서 조용히 입적했다. 이때
향기가 진동하고 묘한 음악이 청아하게 들려왔으며 염불소
리와 함께 입으로부터 오색 광명이 서쪽 하늘을 가득 메웠
다고 한다. 세수 82세, 법랍 66년이었다. 스님의 장례는 7
일째인 2월 13일 해인사 연화대에서 조계종 원로장으로 거
행되었는데, 다비 후 은행 크기의 사리 19과와 녹두 크기의
사리 5천여 수가 출현하였으나, 생전에 사리를 찾지 말라는
유언에 따라 큰 것만 수습하여 이를 해인사, 감로사, 경국사
에 나누어 봉안하였다.

정토 선양한 한국의 '상참괴승(常慚愧僧)'

스님은 평소 계율을 근간으로 한 염불수행과 참회를 겸수한
예참의 염불, 정토진언행을 함께 닦으며 스스로는 '상참괴승
(常慚愧僧; 항상 참회하는 부끄러운 중)'이라 하심하며 산 참다운
선지식이었다. 근대 중국 정토종의 제13대 조사인 인광(印

光, 1861-1940) 대사 역시 법호를 '상참괴승'이라 하여 염불을 크게 선양하였는데, 자운 스님은 한국에서 대사와 같은 정토 선지식으로서의 역할을 충분히 했다고 볼 수 있다.

"아미타불 법문 듣고 무생법인 증득한 뒤에 극락세계를 떠나지 않고 사바에 와서 방편을 잘 알아 중생 건지고 걸림 없는 지혜로 불사 지으리. 부처님 저의 마음 아시오리니 오는 세상 이 소원 이루어지이다."

직접 편찬하신 〈정토예경(淨土禮敬)〉 회향게의 내용 그대로 자운 스님은 해인사에서 염불만일회를 결사하여 관음전에서 정토왕생업을 닦았고, 〈정토심요〉〈연종보감〉 등 많은 저서를 내어 정토법문을 널리 선양했으며, 서울 보국사와 대동염불회, 부산 감로사, 해인사 홍제암, 대구 만선염불원 등에서 염불결사를 조직해 정토수행을 널리 보급하였다.

자운 스님의 계율사상을 충실히 계승한 상좌인 지관 스님(1932-2012, 총무원장 역임)에 이어 손상좌들인 감로사 주지 혜총 스님, 원로회의 부의장 세민 스님, 홍제암 암주 종성 스님, 보국사 주지 태원 스님 등이 활발히 지계를 바탕으로 한 염불수행을 홍포하고 있다. 조만간 전국 총림에 염불원이 개설된다면, 자운 스님이 발원한 불교중흥의 서광이 다시금 찬란히 비칠 것이다.

나무아미타불 나무아미타불 나무아미타불!

말만하고 행할 수 없다면
그것은 진실한 지혜가 아니다
能說不能行 不是眞智慧
-수무修無법사

칠불의 스승
문수보살
법어와 영험록

1판 1쇄 펴낸 날 2018년 8월 25일(미타재일)
1판 2쇄 펴낸 날 2021년 2월 22일

편역 자운율사 **편저** 무량수여래회
발행인 김재경 **편집 · 디자인** 김성우 **교정 · 교열** 이유경 **마케팅** 권태형 **제작** 재능인쇄
펴낸곳 도서출판 비움과소통(blog.daum.net/kudoyukjung)
　　　　경기 평택시 목천로 65-15 송탄역서희스타힐스 102동 601호
　　　　전화 031-667-8739 팩스 0505-115-2068
　　　　이메일 buddhapia5@daum.net
출판등록 2010년 6월 18일 제318-2010-000092호

© 무량수여래회
ISBN 979-11-6016-041-3 03220